Técnico/a Especialista en Higiene Bucodental del Servicio Canario de Salud

Noviembre, 2025

Curso

*La diferencia entre aprobar
y sacar plaza*

Técnico/a Especialista en Higiene Bucodental

SERVICIO CANARIO DE SALUD

Si aún no dispones de tu **Curso MAD360**, te ofrecemos un acceso GRATIS de 30 días para que disfrutes de los siguientes recursos:

- Técnicas de Memoria 360.
- MADTEST: Test *online* Nivel PRO.
- Temario en formato digital.
- Planificación de estudio.
- Foro entre opositores hasta la fecha del examen.*
- Recursos y novedades exclusivas.
- Consúltanos sobre tu oposición y proceso selectivo.
- Actualizaciones legislativas (Boletines Oficiales) hasta 60 días antes de la fecha del examen.*

Para acceder a esta prueba del Curso MAD360** será necesaria la compra de todos los libros para esta especialidad de la edición 2025.

Regístrate en **mad.es/iniciar-sesion** y en la pestaña MIS CURSOS valida los códigos que encuentras en la última página de tus libros.

NOTA IMPORTANTE:

* Examen de esta categoría profesional correspondiente a la convocatoria publicada en el BOC n.º 116, de 13 de junio de 2025, o hasta el 30 de noviembre de 2026, lo que se cumpla antes, y previa renovación del servicio.

** El acceso al CURSO MAD360 estará disponible desde noviembre de 2025 (algunos recursos podrían estar disponibles en fecha posterior). Tendrá una duración de 30 días RENOVABLES mediante pago, desde la validación de códigos, o hasta el 31 de mayo de 2027, lo que se cumpla antes.

MAD se reserva el derecho a ampliar dichas fechas.

Técnico/a Especialista en Higiene Bucodental del Servicio Canario de Salud

Test del temario

Autores

FRANCISCO JESÚS TORRES FONSECA
Licenciado en Derecho

JUAN MANUEL GIL RAMOS
Licenciado en Medicina
Máster en salud ambiental

HERMINIA ANDRADES ROMERO
Diplomada en Fisioterapia
Técnica superior en imagen para el diagnóstico

© 7 Editores Recursos para la Cualificación Profesional y el Empleo, S.L. (7 Editores)
© Los autores
Primera edición, noviembre 2025 (222 páginas)
Derechos de edición reservados a favor de 7 Editores
IMPRESO EN ESPAÑA
Diseño Portada: 7 Editores
Edita: 7 Editores
Avda. San Francisco Javier, 9 · Edificio Sevilla 2 · Planta 11 · Módulos 25-27 · 41018 Sevilla
Teléfono: 954 784 411 · WEB: www.mad.es · e-mail: administracion@7editores.com
ISBN: 979-13-702-8188-5
© "Editorial Mad" y "Eduforma" son nombres comerciales registrados de
7 Editores Recursos para la Cualificación Profesional y el Empleo, S.L.

Índice

TEST N.º 1

La Constitución española: Derechos y Deberes fundamentales de los españoles. El derecho a la protección de la salud en la Constitución española y en la Ley 14/1986, de 25 de abril, General de Sanidad

1. ¿En qué se fundamenta la Constitución Española?

a) En un Estado social y democrático de Derecho.
b) En la indisoluble unidad de la Nación española.
c) En la independencia de los poderes del Estado.
d) En la organización territorial del Estado.

2. Según el artículo 3 de la CE, el castellano es la lengua oficial del Estado y todos los españoles:

a) Tienen el deber de usar y el derecho de conocer el castellano.
b) Tienen el derecho y el deber de conocer el castellano.
c) Tienen el deber de conocer y el derecho de usar el castellano.
d) Tienen el derecho de conocer y usar el castellano.

3. La Constitución Española reconoce y garantiza el derecho a la autonomía:

a) De las nacionalidades que la integran.
b) De las regiones que la integran.
c) De las Comunidades Autónomas que la integran.
d) De las nacionalidades y regiones que la integran.

4. El Preámbulo de la Constitución:

a) Tiene en sí carácter de norma jurídica.
b) Es una declaración de intenciones, destinada a interpretar lo que se quiere alcanzar con el contenido normativo de la Constitución.
c) Se trata de un texto sin fuerza jurídica de obligar.
d) Las respuestas b) y c) son correctas.

5. Señala la afirmación correcta, respecto de la aprobación, ratificación y publicación de la Constitución Española:

a) Aprobada por las Cortes el 31 de octubre de 1978, ratificada por el pueblo en referéndum el 6 de diciembre de 1978 y publicada el 29 de diciembre de 1978.
b) Aprobada por las Cortes el 30 de octubre de 1978, ratificada por el pueblo en referéndum el 16 de diciembre de 1978 y publicada el 27 de diciembre de 1978.
c) Aprobada por las Cortes el 31 de octubre de 1978, ratificada por el pueblo en referéndum el 16 de diciembre de 1978 y publicada el 29 de diciembre de 1978.
d) Aprobada por las Cortes el 10 de octubre de 1978, ratificada por el pueblo en referéndum el 26 de diciembre de 1978 y publicada el 30 de diciembre de 1978.

6. ¿En qué parte de la Carta Magna se establece la exposición de motivos que impulsan la norma constitucional y los objetivos que con ella se pretenden alcanzar?

a) En el Título preliminar.
b) En el Preámbulo.
c) En el Título I.
d) En el Título II.

7. La Constitución Española fue sancionada por:

a) El Rey.
b) El Presidente del Congreso.
c) Las Cortes Generales.
d) El Presidente del Gobierno.

8. ¿Cuáles de los siguientes españoles de origen pueden ser privados de su nacionalidad?

a) Exclusivamente los miembros de grupos terroristas.
b) Los miembros de grupos terroristas y los que atenten contra el Rey u otro miembro de la Casa Real.
c) Los que atenten contra un miembro de la Familia Real o del Gobierno de la Nación.
d) Ningún español de origen podrá ser privado de su nacionalidad.

9. Según la CE son fundamentos del orden político y la paz social:

a) La dignidad de la persona, los derechos violables que les son inherentes y el respeto a la ley.
b) La dignidad de la persona, el desarrollo limitado de la personalidad y el respeto a la ley.
c) El respeto a la ley, a los reglamentos administrativos y demás disposiciones legales.
d) La dignidad de la persona, los derechos inviolables que le son inherentes, el libre desarrollo de su personalidad, el respeto a la ley y a los derechos de los demás.

10. ¿Cuál de los siguientes es considerado por la CE como uno de los valores superiores del ordenamiento jurídico?

a) La jerarquía normativa.
b) El pluralismo político.
c) La publicidad normativa.
d) La equidad.

11. La forma política del Estado español es:

a) Democracia parlamentaria.
b) Gobierno parlamentario.
c) Monarquía parlamentaria.
d) República democrática.

12. La parte de la CE que regula la estructura de los principales órganos del Estado recibe el nombre de:

a) Parte dogmática.
b) Parte orgánica.
c) Parte estatal.
d) Parte estructural.

En MADTEST tienes **más preguntas de este tema, comentadas y argumentadas**, y todos tus avances quedan registrados y se reflejan en el ranking.

¡Supera tus límites con MADTEST!

A continuación te presentamos algunos ejemplos de preguntas comentadas:

13. Según la CE, la soberanía nacional:

a) Corresponde a las Cortes Generales, al estar compuestas por los representantes del pueblo.
b) Corresponde al Rey.
c) Reside en el pueblo español.
d) Corresponde al Gobierno de la Nación elegido directamente por el pueblo.

Respuesta correcta: c) Reside en el pueblo español.

El art. 1.2 CE: "La soberanía nacional reside en el pueblo español, del que emanan los poderes del Estado."

14. El derecho a la propiedad en nuestra Constitución es un Derecho:

a) Inherente a la condición humana.
b) Absoluto.
c) Limitado por la función social del mismo.
d) Ninguna de las respuestas anteriores es correcta.

Respuesta correcta: c) Limitado por la función social del mismo.

El art. 33.2 CE: "La función social de estos derechos delimitará su contenido, de acuerdo con las leyes."

15. ¿En qué parte de la Carta Magna se señalan los valores superiores del ordenamiento jurídico?

a) En el Preámbulo.
b) En el Título Preliminar.
c) En el Título I.
d) Ninguna respuesta es correcta.

Respuesta correcta: b) En el Título Preliminar.

El art. 1.1 CE establece que el Estado se fundamenta en la libertad, justicia, igualdad y pluralismo político, valores superiores del ordenamiento.

Solución al test n.º 1

1. b) En la indisoluble unidad de la Nación española.

2. c) Tienen el deber de conocer y el derecho de usar el castellano.

3. d) De las nacionalidades y regiones que la integran.

4. d) Las respuestas b) y c) son correctas.

5. a) Aprobada por las Cortes el 31 de octubre de 1978, ratificada por el pueblo en referéndum el 6 de diciembre de 1978 y publicada el 29 de diciembre de 1978.

6. b) En el Preámbulo.

7. a) El Rey.

8. d) Ningún español de origen podrá ser privado de su nacionalidad.

9. d) La dignidad de la persona, los derechos inviolables que le son inherentes, el libre desarrollo de su personalidad, el respeto a la ley y a los derechos de los demás.

10. b) El pluralismo político.

11. c) Monarquía parlamentaria.

12. b) Parte orgánica.

13. c) Reside en el pueblo español.

14. c) Limitado por la función social del mismo.

15. b) En el Título Preliminar.

TEST N.º 2

Estatuto de Autonomía de Canarias:
Derechos, deberes y principios rectores

1. Qué artículo del Estatuto establece que Canarias es un archipiélago atlántico con derecho a autogobierno:

a) El art. 2.
b) El art. 5.
c) El art. 1.
d) El art. 3.

2. Cuántas islas con administración propia conforman Canarias:

a) Seis.
b) Siete.
c) Ocho.
d) Nueve.

3. Qué título regula las disposiciones generales del Estatuto de Autonomía:

a) El Título I.
b) El Título Preliminar.
c) El Título II.
d) El Título III.

4. Cuál es la festividad institucional de Canarias:

a) 1 de mayo.
b) 30 de abril.
c) 30 de mayo.
d) 15 de junio.

5. En qué artículo se reconoce la lejanía e insularidad de Canarias

a) En el art. 4.
b) En el art. 3.
c) En el art. 6.
d) En el art. 8.

6. Cuál es el lema que aparece en el escudo de Canarias:

a) Atlántico.
b) Océano.
c) Soberanía.
d) Insularidad.

7. Qué artículo regula la capitalidad compartida de Canarias:

a) El art. 1.
b) El art. 5.
c) El art. 7.
d) El art. 6.

8. Dónde tiene sede el Parlamento de Canarias:

a) Santa Cruz de Tenerife.
b) Las Palmas de Gran Canaria.
c) La Laguna.
d) Arrecife.

9. Qué isla depende administrativamente del Cabildo de Lanzarote:

a) El Hierro.
b) La Graciosa.
c) Fuerteventura.
d) Lobos.

10. Qué título regula los derechos, deberes y principios rectores:

a) El Título I.
b) El Título II.
c) El Título III.
d) El Título IV.

11. Qué artículo define la condición política de canarios:

a) El art. 5.
b) El art. 6.

c) El art. 7.
d) El art. 8.

12. Cuántas franjas tiene la bandera de Canarias:

a) Dos.
b) Tres.
c) Cuatro.
d) Cinco.

En MADTEST tienes **más preguntas de este tema, comentadas y argumentadas**, y todos tus avances quedan registrados y se reflejan en el ranking.

¡Supera tus límites con MADTEST!

A continuación te presentamos algunos ejemplos de preguntas comentadas:

13. En qué artículo se regula el derecho a la igualdad entre mujeres y hombres:

a) En el art. 15.
b) En el art. 16.
c) En el art. 17.
d) En el art. 18.

Respuesta correcta: c) En el art. 17.

El art. 17 la Ley Orgánica 1/2018, de 5 de noviembre, de reforma del Estatuto de Autonomía de Canarias regula el derecho a la igualdad entre mujeres y hombres, disponiendo:

1. Los poderes públicos canarios garantizarán la igualdad efectiva entre mujeres y hombres en el ámbito público y privado, y velarán por la conciliación de la vida familiar y profesional.

2. Se adoptarán medidas efectivas para educar en valores de igualdad, no sexistas, así como políticas y acciones activas que proporcionen a las mujeres protección integral a las víctimas de la violencia machista, prestando especial atención a las medidas preventivas.

14. Qué artículo garantiza el derecho de acceso a la vivienda:

a) El art. 20.
b) El art. 21.

c) El art. 22.
d) El art. 23.

Respuesta correcta: c) El art. 22.

Dispone el art. 22 de la Ley Orgánica 1/2018, de 5 de noviembre cuando regula el derecho de acceso a la vivienda que los poderes públicos canarios deberán garantizar el derecho de todas las personas a una vivienda digna y regular su función social, mediante un sistema de promoción pública, en condiciones de igualdad y en los términos que establezcan las leyes, poniendo especial atención sobre aquellos colectivos sociales más vulnerables. Se regulará el uso del suelo de acuerdo con el interés general para evitar la especulación.

15. Quién garantiza las políticas para las personas con discapacidad:

a) Los cabildos insulares.
b) Los poderes públicos canarios.
c) El Gobierno del Estado.
d) La Unión Europea.

Respuesta correcta: b) Los poderes públicos canarios.

A tenor del art. 16.2 de la Ley Orgánica 1/2018, de 5 de noviembre, los poderes públicos promoverán activamente el derecho de las personas en situación de discapacidad o de dependencia a acceder en términos de igualdad y sin discriminación alguna al ejercicio de sus derechos, garantizando su desarrollo personal y social.

Solución al test n.º 2

1. c) El art. 1.

2. b) Siete.

3. b) El Título Preliminar.

4. c) 30 de mayo.

5. b) En el art. 3.

6. b) Océano.

7. b) El art. 5.

8. a) Santa Cruz de Tenerife.

9. b) La Graciosa.

10. a) El Título I.

11. b) El art. 6.

12. b) Tres.

13. c) En el art. 17.

14. c) El art. 22.

15. b) Los poderes públicos canarios.

TEST N.º 3

**Ley 31/1995, de 8 de noviembre de
Prevención de Riesgos Laborales: Derechos y obligaciones**

1. Los representantes de los trabajadores con competencia en materia de prevención de riesgos laborales son:

a) Los miembros de la Junta de personal, Junta Facultativo y Junta de Enfermería.
b) Los técnicos de prevención de riesgos laborales.
c) El Servicio de Medicina Preventiva.
d) Los delegados de prevención.

2. ¿Qué se entiende por "riesgo laboral"?

a) La posibilidad de que un trabajador sufra un determinado daño derivado del trabajo.
b) La posibilidad de que un trabajador sufra una enfermedad en el trabajo.
c) La posibilidad de que un trabajador sufra acoso.
d) El riesgo que supone el ir a trabajar.

3. Indica cuál es la definición de prevención:

a) La probabilidad racional de que un riesgo se materialice de forma inminente.
b) El estudio de los procesos potencialmente peligrosos para el trabajo.
c) Conjunto de actividades o medidas adoptadas o previstas en todas las fases de actividad de la empresa con el fin de evitar o disminuir los riesgos derivados del trabajo.
d) Posibilidad de que un trabajador sufra un determinado daño derivado del trabajo.

4. Según recoge el artículo 4 de la Ley 31/1995, quedan específicamente incluidas en la definición de condición de trabajo:

a) Las características particulares de los locales, instalaciones, equipos, productos y demás útiles existentes en el centro de trabajo.
b) La naturaleza de los agentes físicos, químicos y biológicos presentes en el ambiente de trabajo y sus correspondientes intensidades, concentraciones o niveles de presencia.
c) Los procedimientos para la utilización de los agentes citados anteriormente que no influyan en la generación de los riesgos mencionados.
d) Todas aquellas otras características del trabajo, excluidas las relativas a su organización y ordenación, que influyan en la magnitud de los riesgos a que esté expuesto el trabajador.

5. ¿Cuál es la vigente Ley de Prevención de Riesgos Laborales?

a) Ley 32/1995, de 8 de noviembre.
b) Ley 30/1996, de 8 de noviembre.
c) Ley 31/1995, de 6 de noviembre.
d) Ley 31/1995, de 8 de noviembre.

6. Entre los principios de la acción preventiva recogidos por el artículo 15 de la Ley de Prevención de Riesgos Laborales, no figura:

a) Evitar los riesgos.
b) Evaluar los riesgos que se puedan evitar.
c) Tener en cuenta la evolución de la técnica.
d) Dar las debidas instrucciones a los trabajadores.

7. En las empresas de hasta 30 trabajadores el Delegado de Prevención será:

a) El propio empresario.
b) El trabajador más antiguo.
c) El trabajador de mayor cualificación.
d) El delegado de personal.

8. Según la Ley de Prevención de Riesgos Laborales, se constituirá un Comité de Seguridad y Salud en todas las empresas o centros de trabajo que cuenten con:

a) 30 o más trabajadores.
b) 50 o más trabajadores.
c) 75 o más trabajadores.
d) 100 o más trabajadores.

9. La evaluación de los riesgos laborales es:

a) Es un proceso técnico en la organización del trabajo.
b) Un proceso dirigido a estimar la magnitud de los riesgos que no hayan podido evitarse.
c) Es un procedimiento estático.
d) Es una práctica para el control y la protección de los trabajadores.

10. En los casos de concurrencia de trabajadores de varias empresas en un centro de trabajo cuando existe un empresario principal, uno de los deberes de vigilancia por parte de este, consistirá en:

a) Impulsar la regulación de esquemas organizativos, que eviten los accidentes de trabajo.
b) Comprobar que las empresas contratistas y subcontratistas concurrentes en su centro de trabajo han establecido los necesarios medios de coordinación entre ellas.

c) Asegurar la correcta utilización por parte de los trabajadores de las empresas concurrentes de los correspondientes dispositivos de seguridad disponibles.

d) Asegurarse de que los trabajadores concurrentes disponen de la formación preventiva correspondiente.

11. Cuando los trabajadores estén expuestos a un riesgo grave e inminente con ocasión de su trabajo, y el empresario no adopte o no permita la adopción de las medidas necesarias para garantizar la seguridad y la salud de los trabajadores, la Ley 31/1995, de 8 de noviembre, de Prevención de Riesgos Laborales prevé:

a) Los trabajadores afectados podrán paralizar la actividad.

b) El órgano de representación del personal instará formalmente al empresario a la adopción de las medidas necesarias.

c) Los Delegados de Prevención lo comunicarán a la autoridad laboral, que adoptará las medidas necesarias.

d) El órgano de representación de personal podrá acordar la paralización de la actividad.

12. Según establece el art. 4 de la Ley 31/1995, de 8 de noviembre, de Prevención de Riesgos Laborales, se define como daños derivados del trabajo:

a) La posibilidad de que un trabajador sufra un determinado daño derivado del trabajo.

b) El que resulte probable racionalmente que se materialice en un futuro inmediato y pueda suponer y pueda suponer un daño grave para la salud de los trabajadores.

c) Las enfermedades, patologías o lesiones sufridas con motivo u ocasión del trabajo.

d) Cualquier máquina, aparato, instrumento o instalación utilizada en el trabajo.

En MADTEST tienes **más preguntas de este tema, comentadas y argumentadas**, y todos tus avances quedan registrados y se reflejan en el ranking.

¡Supera tus límites con MADTEST!

A continuación te presentamos algunos ejemplos de preguntas comentadas:

13. El art. 23 de la LPRL establece la documentación que el empresario debe elaborar y conservar a disposición de la autoridad laboral. De las siguientes no está incluido:

a) El Plan de prevención de riesgos laborales.

b) Evaluación de los riesgos para la seguridad y la salud en el trabajo.

c) La planificación de la actividad laboral.

d) La relación de accidentes de trabajo y enfermedades profesionales que hayan causado al trabajador una incapacidad laboral superior a un día de trabajo.

Respuesta correcta: c) La planificación de la actividad laboral.

Según el artículo 23.1 de la Ley 31/1995, de 8 de noviembre, de Prevención de Riesgos Laborales, el empresario deberá elaborar y conservar a disposición de la autoridad laboral la siguiente documentación relativa a las obligaciones establecidas en los artículos anteriores:

a) Plan de prevención de riesgos laborales, conforme a lo previsto en el apartado 1 del artículo 16 de esta ley.

b) Evaluación de los riesgos para la seguridad y la salud en el trabajo, incluido el resultado de los controles periódicos de las condiciones de trabajo y de la actividad de los trabajadores, de acuerdo con lo dispuesto en el párrafo a) del apartado 2 del artículo 16 de esta ley.

c) Planificación de la actividad preventiva, incluidas las medidas de protección y de prevención a adoptar y, en su caso, material de protección que deba utilizarse, de conformidad con el párrafo b) del apartado 2 del artículo 16 de esta ley.

d) Práctica de los controles del estado de salud de los trabajadores previstos en el artículo 22 de esta Ley y conclusiones obtenidas de los mismos en los términos recogidos en el último párrafo del apartado 4 del citado artículo.

e) Relación de accidentes de trabajo y enfermedades profesionales que hayan causado al trabajador una incapacidad laboral superior a un día de trabajo. En estos casos el empresario realizará, además, la notificación a que se refiere el apartado 3 del presente artículo.

14. El art. 29 de la LPRL establece las obligaciones de los trabajadores en materia de prevención de riesgos. De las siguientes no se considera una obligación del trabajador:

a) Utilizar correctamente los medios y equipos de protección facilitados por el empresario, de acuerdo con las instrucciones recibidas de este.

b) Usar adecuadamente, de acuerdo con su naturaleza y los riesgos previsibles, las máquinas, aparatos, herramientas, sustancias peligrosas, equipos de transporte y, en general, cualesquiera otros medios con los que desarrollen su actividad.

c) Informar de inmediato a su superior jerárquico directo, y a los trabajadores designados para realizar las actualizaciones que consideren oportunas en el equipo de protección individual.

d) No poner fuera de funcionamiento y utilizar correctamente los dispositivos de seguridad existentes o que se instalen en los medios relacionados con su actividad o en los lugares de trabajo en los que esta tenga lugar.

Respuesta correcta: c) Informar de inmediato a su superior jerárquico directo, y a los trabajadores designados para realizar las actualizaciones que consideren oportunas en el equipo de protección individual.

Según el artículo 29 de la Ley 31/1995, de 8 de noviembre, de Prevención de Riesgos Laborales:

1. (…)

2. Los trabajadores, con arreglo a su formación y siguiendo las instrucciones del empresario, deberán en particular:

   1.º Usar adecuadamente, de acuerdo con su naturaleza y los riesgos previsibles, las máquinas, aparatos, herramientas, sustancias peligrosas, equipos de transporte y, en general, cualesquiera otros medios con los que desarrollen su actividad.

   2.º Utilizar correctamente los medios y equipos de protección facilitados por el empresario, de acuerdo con las instrucciones recibidas de este.

   3.º No poner fuera de funcionamiento y utilizar correctamente los dispositivos de seguridad existentes o que se instalen en los medios relacionados con su actividad o en los lugares de trabajo en los que esta tenga lugar.

   4.º Informar de inmediato a su superior jerárquico directo, y a los trabajadores designados para realizar actividades de protección y de prevención o, en su caso, al servicio de prevención, acerca de cualquier situación que, a su juicio, entrañe, por motivos razonables, un riesgo para la seguridad y la salud de los trabajadores.

   5.º Contribuir al cumplimiento de las obligaciones establecidas por la autoridad competente con el fin de proteger la seguridad y la salud de los trabajadores en el trabajo.

   6.º Cooperar con el empresario para que este pueda garantizar unas condiciones de trabajo que sean seguras y no entrañen riesgos para la seguridad y la salud de los trabajadores.

3. (…)

15. Podrán realizar el plan de prevención de riesgos laborales, la evaluación de riesgos y la planificación de la actividad preventiva de forma simplificada, en atención a la naturaleza y peligrosidad de las actividades realizadas, empresas cuyo número de trabajadores no exceda de:

a) 30.
b) 50.
c) 80.
d) 100.

Respuesta correcta: b) 50.

Según el artículo 2.4 del RD 39/1997, de 17 de enero, por el que se aprueba el Reglamento de los Servicios de Prevención, las empresas de hasta 50 trabajadores que no desarrollen actividades del anexo I podrán reflejar en un único documento el plan de prevención de riesgos laborales, la evaluación de riesgos y la planificación de la actividad preventiva.

Este documento será de extensión reducida y fácil comprensión, deberá estar plenamente adaptado a la actividad y tamaño de la empresa y establecerá las medidas operativas pertinentes para realizar la integración de la prevención en la actividad de la empresa, los puestos de trabajo con riesgo y las medidas concretas para evitarlos o reducirlos, jerarquizadas en función del nivel de riesgos, así como el plazo para su ejecución.

Solución al test n.º 3

1. d) Los delegados de prevención.

2. a) La posibilidad de que un trabajador sufra un determinado daño derivado del trabajo.

3. c) Conjunto de actividades o medidas adoptadas o previstas en todas las fases de actividad de la empresa con el fin de evitar o disminuir los riesgos derivados del trabajo.

4. b) La naturaleza de los agentes físicos, químicos y biológicos presentes en el ambiente de trabajo y sus correspondientes intensidades, concentraciones o niveles de presencia.

5. d) Ley 31/1995, de 8 de noviembre.

6. b) Evaluar los riesgos que se puedan evitar.

7. d) El delegado de personal.

8. b) 50 o más trabajadores.

9. b) Un proceso dirigido a estimar la magnitud de los riesgos que no hayan podido evitarse.

10. b) Comprobar que las empresas contratistas y subcontratistas concurrentes en su centro de trabajo han establecido los necesarios medios de coordinación entre ellas.

11. d) El órgano de representación de personal podrá acordar la paralización de la actividad.

12. c) Las enfermedades, patologías o lesiones sufridas con motivo u ocasión del trabajo.

13. c) La planificación de la actividad laboral.

14. c) Informar de inmediato a su superior jerárquico directo, y a los trabajadores designados para realizar las actualizaciones que consideren oportunas en el equipo de protección individual.

15. b) 50.

TEST N.º 4

Anatomía dental: El diente, características de la dentición humana, terminología dental

1. ¿Dónde se localiza la articulación denominada gonfosis?

a) Entre el hueso alveolar y el cemento del diente.
b) Entre el hueso alveolar y la pulpa del diente.
c) Entre el cemento y la raíz del diente.
d) Entre el ligamento dental y el cemento del diente.

2. ¿Cómo se denomina también la cutícula dentis?

a) Membrana de Mueller.
b) Membrana de Nasmyth.
c) Gonfosis.
d) Articulación de inserción o parodonto de inserción.

3. ¿Qué afirmación es correcta en relación con el color del diente?

a) Dentro del mismo diente, la coloración es más oscura en la corona dental que en otras partes del diente.
b) Es más blanco azulado en los dientes definitivos o permanentes.
c) Los dientes anteriores son más claros que los posteriores.
d) Los molares son los dientes más amarillentos de la dentición.

4. ¿Cómo se denominan los dientes que poseen un tamaño normal?

a) Macrodontos.
b) Normodontos.
c) Mesodontos.
d) Microdontos.

5. ¿Qué representa esta fórmula algebraica de la dentición: (2I + 1C + 2M) x 2 = 20 dientes?

a) La dentición temporal del maxilar superior.

b) La dentición temporal del maxilar superior y también puede representar a la dentición temporal del maxilar inferior, que la incluye.

c) La dentición permanente del maxilar superior.

d) La dentición permanente del maxilar superior y también puede representar a la dentición temporal del maxilar inferior, que la incluye.

6. ¿Cuál de estos es el sistema dental reconocido como el sistema internacional de nomenclatura dental?

a) Sistema de Viehl.

b) Sistema de Haderup.

c) Sistema ADA.

d) Sistema crucial/Zsigmondy.

7. ¿Qué diente definitivo en el Sistema de Haderup es el 2-?

a) Incisivo lateral inferior izquierdo.

b) Incisivo lateral inferior derecho.

c) Incisivo lateral superior izquierdo.

d) Incisivo central inferior izquierdo.

8. ¿A qué se denomina dentición decidua?

a) A la dentición embrionaria.

b) A la dentición permanente.

c) A la dentición temporal.

d) A la dentición definitiva.

9. ¿Qué término indica la existencia de diferencias entre dientes homólogos de las arcadas superior e inferior?

a) Hererodonta.

b) Difiodonta.

c) Furcación.

d) Anisognata.

10. ¿Qué es la sustancia adamantina del diente?

a) La dentina.

b) La pulpa.

c) El esmalte.

d) El cemento.

11. ¿Qué es cierto del esmalte?

a) En su recorrido existen vasos sanguíneos que lo nutren.
b) Tiene células en su estructura, formadora de sustancia fundamental dentaria.
c) Es la superficie dura y mate que recubre la corona de los dientes.
d) No puede regenerarse.

12. ¿De dónde procede la dentina embriológicamente?

a) Del ectodermo.
b) Del mesodermo.
c) Del endodermo.
d) Del tubo neural.

En MADTEST tienes **más preguntas de este tema, comentadas y argumentadas**, y todos tus avances quedan registrados y se reflejan en el ranking.

¡Supera tus límites con MADTEST!

A continuación te presentamos algunos ejemplos de preguntas comentadas:

13. ¿Qué fibras perforan el cemento del diente?

a) Las fibras de Tomes.
b) Las fibras de Sharpey.
c) Las fibras ebúrneas.
d) Las fibras de Retzius.

Respuesta correcta: b) Las fibras de Sharpey.

El cemento está perforado por las fibras de Sharpey. Son extensiones de fibras colágenas que atraviesan el ligamento periodontal, para insertarse en el hueso alveolar. A lo largo de la vida del sujeto se van depositando nuevas capas de cemento para compensar los movimientos dentarios, de esta forma se van incorporando más fibras de Sharpey a la nueva superficie cementaria, mientras se mineralizan las más profundas y antiguas.

14. ¿Dónde se localizan las células madres o mesenquimatosas de los odontoblastos?

a) En la dentina.
b) En la pulpa.

c) En el esmalte.
d) En el cemento.

Respuesta correcta: b) En la pulpa.

En la pulpa dentaria se localizan las células mesenquimatosas no diferenciadas (células madres), que sirven para reponer los odontoblastos dañados o destruidos.

15. ¿Qué cara libre y visible de la corona está en contacto con el labio?

a) Cara palatina.
b) Cara lingual.
c) Cara basal.
d) Cara vestibular.

Respuesta correcta: d) Cara vestibular.

La cara vestibular es la cara superficial, vertical, libre y visible de la corona del diente en contacto con el labio.

Solución al test n.º 4

1. a) Entre el hueso alveolar y el cemento del diente.

2. b) Membrana de Nasmyth.

3. c) Los dientes anteriores son más claros que los posteriores.

4. c) Mesodontos.

5. b) La dentición temporal del maxilar superior y también puede representar a la dentición temporal del maxilar inferior, que la incluye.

6. a) Sistema de Viehl.

7. b) Incisivo lateral inferior derecho.

8. c) A la dentición temporal.

9. d) Anisognata.

10. c) El esmalte.

11. d) No puede regenerarse.

12. b) Del mesodermo.

13. b) Las fibras de Sharpey.

14. b) En la pulpa.

15. d) Cara vestibular.

TEST N.º 5

El Periodonto: Encía, ligamento periodontal, hueso alveolar, cemento radicular

1. ¿Cuál de los siguientes tejidos forma parte del periodonto de inserción?

a) Cemento.
b) Encía.
c) Epitelio de unión.
d) Mucosa alveolar.

2. ¿Qué epitelio recubre la región denominada col interdentario?

a) Epitelio paraqueratinizado.
b) Epitelio estratificado.
c) Epitelio no queratinizado.
d) Epitelio pigmentado.

3. ¿Qué término se utilizaba antiguamente para referirse a la periodoncia?

a) Parodoncia.
b) Gingivectomía.
c) Odontogénesis.
d) Periodontopatía.

4. ¿Qué célula predomina en el ligamento periodontal?

a) Osteoclasto.
b) Fibroblasto.
c) Cementocito.
d) Odontoblasto.

5. ¿Qué característica anatómica presenta la encía interdentaria?

a) Se encuentra adherida al hueso alveolar.
b) Ocupa los espacios entre los dientes.

c) Se une directamente al esmalte dentario.
d) Está delimitada por el margen mucogingival.

6. ¿Qué función realiza el epitelio de unión en la encía?

a) Favorece la inserción del ligamento periodontal.
b) Aumenta la superficie vascular.
c) Aísla y protege frente a agentes externos.
d) Activa los osteoblastos.

7. ¿Cuál es una característica clínica de la encía insertada?

a) Está fuertemente adherida al hueso alveolar.
b) Tiene una forma triangular entre los dientes.
c) Presenta color rojizo en condiciones normales.
d) Cubre directamente la raíz dental.

8. ¿Qué función tiene el ligamento periodontal durante la masticación?

a) Protege el esmalte frente a la abrasión.
b) Amortigua las fuerzas funcionales.
c) Sella la unión cemento-esmalte.
d) Favorece la formación de esmalte secundario.

9. ¿Qué parte del hueso alveolar forma la cavidad del alvéolo dentario?

a) Hueso esponjoso.
b) Periostio.
c) Lámina dura.
d) Cortical interna.

10. ¿Qué nombre recibe la unión entre las corticales externa e interna del hueso alveolar?

a) Línea cementaria.
b) Límite periodontal.
c) Cresta alveolar.
d) Apófisis basal.

11. ¿Qué nombre recibe la capa ósea que rodea el alvéolo dental?

a) Hueso basal.
b) Hueso esponjoso.
c) Apófisis alveolar.
d) Lámina dura.

12. ¿Qué estructura embriológica origina el cemento dental?

a) Cresta neural.
b) Papila dental.
c) Saco dentario.
d) Saco dentario (mesodermo).

En MADTEST tienes **más preguntas de este tema, comentadas y argumentadas**, y todos tus avances quedan registrados y se reflejan en el ranking.

¡Supera tus límites con MADTEST!

A continuación te presentamos algunos ejemplos de preguntas comentadas:

13. ¿Qué tipo de fibras del ligamento periodontal se insertan en el hueso y el cemento?

a) Fibras oxitalánicas.
b) Fibras reticulares.
c) Fibras elásticas.
d) Fibras de Sharpey.

Respuesta correcta: d) Fibras de Sharpey.

Las fibras de Sharpey son haces colágenos que atraviesan el ligamento periodontal e ingresan en el cemento radicular y en el hueso alveolar. Son responsables de la inserción firme del diente en el alvéolo.

14. ¿Cuál es el porcentaje aproximado de contenido inorgánico en el cemento radicular?

a) 65 %.
b) 50 %.
c) 80 %.
d) 90 %.

Respuesta correcta: a) 65 %.

El cemento radicular contiene aproximadamente un 65 % de materia inorgánica, principalmente en forma de hidroxiapatita. Esta proporción le confiere dureza y resistencia, aunque es menor que en el esmalte o la dentina.

15. ¿Qué estructura del cemento aloja a los cementocitos?

a) Estría de Retzius.
b) Lagunas cementarias.
c) Conductos de Havers.
d) Túbulos dentinarios.

Respuesta correcta: b) Lagunas cementarias.

Las lagunas cementarias son cavidades dentro del cemento donde se localizan los cementocitos. Estas células están más presentes en el cemento celular, que se encuentra principalmente en el tercio apical de la raíz.

Solución al test n.º 5

1. a) Cemento.

2. c) Epitelio no queratinizado.

3. a) Parodoncia.

4. b) Fibroblasto.

5. b) Ocupa los espacios entre los dientes.

6. c) Aísla y protege frente a agentes externos.

7. a) Está fuertemente adherida al hueso alveolar.

8. b) Amortigua las fuerzas funcionales.

9. d) Cortical interna.

10. c) Cresta alveolar.

11. d) Lámina dura.

12. d) Saco dentario (mesodermo).

13. d) Fibras de Sharpey.

14. a) 65 %.

15. b) Lagunas cementarias.

TEST N.º 6

Articulaciones temporomandibulares: definición, movimientos que realiza y patología de la articulación temporomandibular

1. ¿Cómo se denomina la fontanela anterior situada entre los huesos parietales y el frontal en recién nacidos?

a) Lambda.
b) Bregma.
c) Delta.
d) Épsilon.

2. ¿Qué hueso de la cara es impar?

a) Mandíbula.
b) Maxilares.
c) Nasales.
d) Palatinos.

3. ¿Qué hueso del cráneo es par?

a) Parietal.
b) Occipital.
c) Frontal.
d) Etmoides.

4. ¿Qué hueso del cráneo pertenece a una articulación móvil, que no es sutura?

a) Parietal.
b) Occipital.
c) Mandíbula.
d) Vómer.

5. ¿Qué hueso no pertenece a la cara?

a) Mandíbula.
b) Maxilares.

c) Frontal.
d) Todos pertenecen a la cara.

6. ¿A qué se le denomina técnicamente condrocráneo?

a) A la base del cráneo.
b) Al macizo maxilofacial.
c) A la bóveda del cráneo.
d) A la cara.

7. ¿Cuántos huesos posee el cráneo?

a) 12.
b) 10.
c) 8.
d) 6.

8. ¿Cómo se denominan los huesos que presenta de forma inconstante el cráneo?

a) Huesos supernumerarios.
b) Huesos dobles.
c) Huesos vormianos.
d) Huesos sesamoideos.

9. ¿Qué hueso del cráneo se localiza en la parte anterior del cráneo, encima del macizo facial?

a) Frontal.
b) Temporal.
c) Occipital.
d) Parietal.

10. ¿Qué estructura media y prominente se localiza en la lámina vertical del hueso etmoides en su parte superior?

a) Escotadura etmoidonasal.
b) Apófisis *crista galli*.
c) Lámina cribosa.
d) Apófisis ascendente del maxilar superior.

11. ¿Cómo se denomina la trituración de los alimentos con la boca?

a) Masticación.
b) Rumiación.
c) Regurgitación.
d) Odinofagia.

12. ¿Cómo se denominan también los músculos masticatorios principales?

a) Músculos deglutorios.
b) Músculos supramaxilares.
c) Músculos inframaxilares.
d) Músculos infraesofágicos.

En MADTEST tienes **más preguntas de este tema, comentadas y argumentadas**, y todos tus avances quedan registrados y se reflejan en el ranking.

¡Supera tus límites con MADTEST!

A continuación te presentamos algunos ejemplos de preguntas comentadas:

13. ¿Qué músculo masticatorio no es principal?

a) Músculos temporales.
b) Músculos maseteros.
c) Músculos pterigoideos internos y externos.
d) Músculos digástricos.

Respuesta correcta: d) Músculos digástricos.

Los músculos masticatorios principales son cuatro músculos en cada lado, que nacen de la base y pared lateral del cráneo, insertándose finalmente en el maxilar inferior; son los maseteros, los temporales, los pterigoideos externos (o laterales) y los pterigoideos internos (o mediales). El músculo digástrico es secundario y suprahioideo.

14. ¿Qué nervio inerva los músculos principales de la masticación?

a) Nervio mandibular.
b) Cuarta rama del trigémino.
c) Tercera rama del facial.
d) Son ciertas las respuestas a) y b).

Respuesta correcta: a) Nervio mandibular.

Los músculos masticatorios principales están inervados por el nervio mandibular.

15. El nervio mandibular es:

a) Segunda rama del trigémino.
b) Tercera rama del trigémino.

c) Cuarta rama del trigémino.

d) Quinta rama del trigémino.

Respuesta correcta: b) Tercera rama del trigémino.

El nervio mandibular es la tercera rama del trigémino o V par craneal.

Solución al test n.º 6

1. b) Bregma.

2. a) Mandíbula.

3. a) Parietal.

4. c) Mandíbula.

5. c) Frontal.

6. a) A la base del cráneo.

7. c) 8.

8. c) Huesos vormianos.

9. a) Frontal.

10. b) Apófisis *crista galli*

11. a) Masticación.

12. b) Músculos supramaxilares.

13. d) Músculos digástricos.

14. a) Nervio mandibular.

15. b) Tercera rama del trigémino.

TEST N.º 7

Caries: definición, etiología de la caries dental. Mecanismos de formación, clasificación, prevención y tratamiento

1. ¿Qué dato de los expresados no entran dentro de la definición de caries?

a) Es una enfermedad.
b) Se produce pérdida de tejido dental.
c) No es de origen infeccioso.
d) Intervienen activamente los ácidos producidos por las bacterias.

2. ¿Qué tipo de caries requiere de diagnóstico mediante imagen médica, debido a la dificultosa observación directa?

a) Caries de puntos.
b) Caries de superficies proximales.
c) Caries de superficies libres lisas.
d) Caries de hoyos y fisuras.

3. ¿Qué caries suelen asentar en la caras oclusales?

a) Caries de puntos, de hoyos y de fisuras.
b) Caries de superficies proximales.
c) Caries de superficies libres lisas.
d) Ninguna de las anteriores.

4. ¿Dónde asientan las caries que son asintomáticas?

a) En el esmalte.
b) En la dentina.
c) En el cemento.
d) En la pulpa.

5. ¿Dónde ubicarías a la caries de la imagen 1?

a) En el esmalte.
b) En la dentina.
c) En el cemento.
d) En la pulpa.

Imagen 1

6. ¿Con qué se identifica la caries incipiente?

a) Con la moderada.
b) Con la profunda.
c) Con la mancha blanca.
d) Con la mancha oscura.

7. ¿Qué caries es aquella que llega mínimamente a la dentina?

a) Superficial.
b) Cavitada.
c) Moderada.
d) Muy profunda sin compromiso pulpar.

8. La caries detenida se denomina también:

a) Crónica.
b) Aguda.
c) Activa.
d) Cicatrizada.

9. ¿Cómo son aquellas caries que involucran dos caras de un diente?

a) Caries complejas.
b) Caries dobles.
c) Caries simples.
d) Caries compuestas.

10. ¿Qué zona careada es la marcada en la imagen 2, según la clasificación de Mount y Hume?

a) Zona 1.
b) Zona 2.
c) Zona 3.
d) Zona 4.

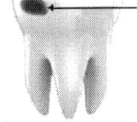

Imagen 2

11. ¿Qué compuesto nos indicará que la película dental adquirida ha madurado, y por tanto ha sido colonizada por bacterias?

a) Proteínas insolubles.
b) Ácido ortofosfórico.

c) Ácido murámico.
d) Ácido carbónico.

12. ¿Qué espesor poseerá la película adquirida en su madurez (en micras)?

a) 4.
b) 8.
c) 20.
d) 40.

En MADTEST tienes **más preguntas de este tema, comentadas y argumentadas**, y todos tus avances quedan registrados y se reflejan en el ranking.

¡Supera tus límites con MADTEST!

A continuación te presentamos algunos ejemplos de preguntas comentadas:

13. ¿Qué microorganismo aislado se considera el más importante en la iniciación de la caries?

a) *Streptococcus mutans*.
b) *Streptococcus piógenes*.
c) *Cocobacilos*.
d) *Bacilo perfringens*.

Respuesta correcta: a) *Streptococcus mutans*.

Se sabe que el *Streptococcus mutans* es el organismo más importante en la iniciación de la caries. Normalmente aparece en la boca como un componente pequeño de la flora bucal, pero en pacientes con lesiones múltiples de caries activa, se convierte en el miembro dominante de la flora bucal.

14. ¿Qué edad debe poseer una placa dental con un potencial máximo en su capacidad en la producción de ácidos?

a) 12 horas.
b) 24 horas.
c) 48 horas.
d) 72 horas.

Respuesta correcta: d) 72 horas.

La edad de la placa también influye en la capacidad de formación de caries. Mientras que una placa de 24 horas de edad tiene poca capacidad para disminuir el pH bucal, esta aumenta con la capacidad de la placa, alcanzando su máximo potencial a los tres días.

15. ¿Qué refuerza específicamente el esmalte dentario, y por ello previene de la caries?

a) El cepillado.
b) El flúor.
c) Los azúcares.
d) El hilo dental.

Respuesta correcta: b) El flúor.

El flúor actúa reforzando específicamente el esmalte dentario, ya que mediante el mismo podemos aportar mayor resistencia frente a la acción de los ácidos, debido a que este tiende a sustituir al calcio de los cristales de esmalte, dándole una mayor resistencia frente a la disolución ácida.

Solución al test n.º 7

1. c) No es de origen infeccioso.

2. b) Caries de superficies proximales.

3. a) Caries de puntos, de hoyos y de fisuras.

4. a) En el esmalte.

5. b) En la dentina.

6. c) Con la mancha blanca.

7. c) Moderada.

8. d) Cicatrizada.

9. d) Caries compuestas.

10. b) Zona 2.

11. c) Ácido murámico.

12. b) 8.

13. a) *Streptococcus mutans*.

14. d) 72 horas.

15. b) El flúor.

TEST N.º 8

Nutrición en salud dental: Patología dentaria relacionada con la alimentación. Parámetros nutricionales implicados en patología dentaria y Prevención de enfermedades dentales en relación con la alimentación

1. ¿Cuál de las siguientes estructuras o componentes influye/n en el individuo para tener una alimentación adecuada?

a) Influyen las estructuras bucodentales.
b) Influye la saliva.
c) Influye la respiración.
d) Influyen las estructuras bucodentales y la saliva.

2. ¿Cuál de las siguientes afirmaciones es falsa?

a) Los estudios epidemiológicos demuestran que existe una íntima relación entre la alimentación y la salud bucal.
b) La caries es secundaria a la desmineralización de los dientes.
c) La desmineralización de los dientes se debe a los ácidos generados por la placa bacteriana.
d) La caries no tiene una etiología multifactorial.

3. ¿Dónde encontramos más almidones?

a) En las frutas.
b) En las verduras.
c) En los lácteos.
d) En la patata.

4. ¿Qué puede ocasionar alteraciones en el desarrollo dentario y retraso en la erupción?

a) Exceso en consumo de hidratos de carbono fermentables.
b) Déficit de calcio y fósforo.

c) Déficit de vitamina A y D.

d) Déficit de calcio y fósforo; y déficit de vitamina A y D.

5. ¿Qué tipo de hidrato es más cariogénico?

a) Lactosa.

b) Fructosa.

c) Almidón.

d) Sacarosa.

6. ¿Cuál de los siguientes azúcares no es cariogénico e incluso tiene efecto anti-caries?

a) Fructosa.

b) Almidón.

c) Sacarosa.

d) Xilitol.

7. ¿Cuál de los siguientes nutrientes incrementan la capacidad tampón de la saliva?

a) Proteínas.

b) Grasas.

c) Polisacáridos.

d) Flúor.

8. ¿Cuál de las siguientes patologías periodontales cursa con una retracción de encías?

a) La periodontitis.

b) La gingivitis.

c) Los cálculos subgingivales.

d) Periodontitis y la gingivitis.

9. ¿Cómo se denomina el depósito de sales cálcicas y mucina que constituyen, junto con las bacterias, una especie de depósito de desecho que contribuye al desarrollo de enfermedad periodontal?

a) Cálculo supragingival.

b) Tártaro.

c) Biopelícula.

d) Son correctas las respuestas a) y b).

10. ¿Cuál es la prevalencia global de la enfermedad periodontal a nivel mundial para las formas leves de la patología?

a) Puede llegar al 25 %.

b) Puede llegar al 50 %.

c) Puede llegar al 70 %.
d) Puede llegar al 90 %.

11. ¿Cuál de las siguientes deficiencias en vitaminas están relacionadas con la severidad de la gingivitis?

a) Deficiencia de vitamina C y ácido fólico.
b) Deficiencia de vitamina D y ácido cítrico.
c) Deficiencia de vitamina C y calcio.
d) Deficiencia de vitamina D y ácido fólico.

12. ¿Qué puede llegar a ocasionar la xerostomía, habitual en pacientes con anorexia o bulimia?

a) Caries.
b) Periodontitis.
c) Pérdida piezas dentales.
d) Caries y gingivitis.

En MADTEST tienes **más preguntas de este tema, comentadas y argumentadas**, y todos tus avances quedan registrados y se reflejan en el ranking.

¡Supera tus límites con MADTEST!

A continuación te presentamos algunos ejemplos de preguntas comentadas:

13. ¿Cómo se denomina la manifestación bucodental que se presenta en pacientes anoréxicos y bulímicos y consistente en una enfermedad bacteriana de las glándulas salivares?

a) Xerostomía.
b) Sialoadenitis.
c) Enfermedad de Rusell.
d) Piorrea.

Respuesta correcta: b) Sialoadenitis.

La sialoadenitis es una enfermedad bacteriana de las glándulas salivares, más frecuentemente en la glándula parótidas que se presenta en pacientes anoréxicos y bulímicos.

14. ¿Cuál de las siguientes patologías cursa con alteraciones de la pulpa dental, degeneración de odontoblastos y dentina aberrante?

a) Escorbuto (déficit vitamina C).
b) Raquitismo (déficit vitamina D).
c) Obesidad.
d) Malnutrición calórico-proteica.

Respuesta correcta: a) Escorbuto (déficit vitamina C).

El escorbuto es una enfermedad por déficit en la dieta de la vitamina C, ocasionando enfermedad periodontal, alteraciones de la pulpa dental degeneración de odonto-blastos y dentina aberrante.

15. ¿Cómo se denomina la patología relacionada con el estado nutricional que puede llevar a retraso en los patrones de erupción del diente, hipomineralización (defectos hipoplásicos), deterioro de la integridad del diente y caries?

a) Raquitismo (déficit vitamina D).
b) Malnutrición calórico-proteica.
c) Diabetes mellitus.
d) Escorbuto (déficit vitamina C).

Respuesta correcta: a) Raquitismo (déficit vitamina D).

El raquitismo es una enfermedad por déficit en la dieta de la vitamina D3 o de sus precursores, que ocasiona retraso en los patrones de erupción del diente, hipomine-ralización (defectos hipoplásicos), deterioro de la integridad del diente y caries.

Solución al test n.º 8

1. d) Influyen las estructuras bucodentales y la saliva.

2. d) La caries no tiene una etiología multifactorial.

3. d) En la patata.

4. d) Déficit de calcio y fósforo; y déficit de vitamina A y D.

5. d) Sacarosa.

6. d) Xilitol.

7. a) Proteínas.

8. d) Periodontitis y la gingivitis.

9. b) Tártaro.

10. d) Puede llegar al 90 %.

11. a) Deficiencia de vitamina C y ácido fólico.

12. d) Caries y gingivitis.

13. b) Sialoadenitis.

14. a) Escorbuto (déficit vitamina C).

15. a) Raquitismo (déficit vitamina D).

TEST N.º 9

Aparato digestivo. Definición y composición

1. ¿Qué elemento anatómico de estos no pertenece al tubo digestivo?

a) Estómago y esófago.
b) Intestinos.
c) Hígado.
d) Todos pertenecen.

2. ¿Qué otras glándulas de estas son anexas o anejas al tubo digestivo?

a) Vesícula biliar.
b) Glándulas sebáceas.
c) Glándulas sudoríparas.
d) Ninguna de las anteriores.

3. ¿Cómo se denomina la membrana a modo de delgada capa que tapiza la luz del tubo digestivo?

a) Mucosa.
b) Submucosa.
c) Muscular.
d) Serosa.

4. ¿Cuál de estas estructuras forma una barrera en la pared del tubo digestivo rica en linfáticos?

a) Mucosa.
b) Submucosa.
c) Muscular.
d) Serosa.

5. ¿Cuál es la primera porción propiamente dicha del tubo digestivo?

a) Boca.
b) Ano.

c) Faringe.
d) Estómago.

6. ¿Cómo se denomina la parte móvil de la lengua?

a) Cola.
b) Raíz.
c) Cuerpo.
d) Base.

7. ¿Cómo se denomina el conducto excretor de las glándulas parótidas?

a) Conducto de Walter.
b) Conducto de Wharton.
c) Conducto de Stenon.
d) Conducto de Zeis.

8. ¿Qué término se emplea para designar que una persona posee "mal aliento"?

a) Alientosis.
b) Glositis.
c) Halitosis.
d) Estomatitis.

9. ¿Cómo se denomina el esfínter que separa esófago de estómago?

a) Píloro.
b) Iliocecal.
c) Válvula de Bahuin.
d) Cardias.

10. ¿Qué término técnico se emplea para designar la inhibición o dificultad del paso del alimento durante la deglución?

a) Odinofagia.
b) Acalasia.
c) Disfagia.
d) Regurgitación.

11. ¿En qué zona del estómago es típica la localización de cáncer?

a) En la curva mayor.
b) En el cardias.
c) En la curva menor.
d) Puede desarrollarse en cualquier parte del estómago.

12. ¿Dónde se localizan las glándulas de Brunner en el tubo digestivo?

a) Estómago.
b) Duodeno.
c) Ciego.
d) Colon.

En MADTEST tienes **más preguntas de este tema, comentadas y argumentadas**, y todos tus avances quedan registrados y se reflejan en el ranking.

¡Supera tus límites con MADTEST!

A continuación te presentamos algunos ejemplos de preguntas comentadas:

13. ¿Qué son las placas de Peyer?

a) Son estructuras anatómicas de absorción del intestino delgado.
b) Son estructuras anatómicas de excreción del colon.
c) Son estructuras anatómicas defensivas (tejido linfático) del intestino delgado.
d) Son estructuras anatómicas neutralizadoras del pH ácido gástrico, al secretar mucina en grandes cantidades.

Respuesta correcta: c) Son estructuras anatómicas defensivas (tejido linfático) del intestino delgado.

A lo largo de las paredes del intestino aparecen diseminados nódulos de tejido linfático formando las placas de Peyer.

14. ¿Cómo se denominan las abolladuras o formaciones saculares del intestino grueso?

a) Epiplones.
b) Apéndices epiploicos.
c) Haustras.
d) Tenías cólicas.

Respuesta correcta: c) Haustras.

Las haustras son las abolladuras en forma de saco que presenta el intestino grueso en su recorrido.

15. ¿Dónde se localiza el carcinoma de colon?

a) En el intestino delgado.
b) En el intestino grueso.
c) En el estómago.
d) En el esófago.

Respuesta correcta: b) En el intestino grueso.

El intestino grueso se componen de varios segmentos, que son el ciego, el colon (y su partes) y el recto. Por tanto, un carcinoma de colon debe localizarse en el intestino grueso.

Solución al test n.º 9

1. c) Hígado.

2. a) Vesícula biliar.

3. a) Mucosa.

4. b) Submucosa.

5. a) Boca.

6. c) Cuerpo.

7. c) Conducto de Stenon.

8. c) Halitosis.

9. d) Cardias.

10. c) Disfagia.

11. d) Puede desarrollarse en cualquier parte del estómago.

12. b) Duodeno.

13. c) Son estructuras anatómicas defensivas (tejido linfático) del intestino delgado.

14. c) Haustras.

15. b) En el intestino grueso.

TEST N.º 10

Coagulantes y anticoagulantes en odontología

1. ¿Qué elementos de los que se nombran no intervienen en la segunda fase de la hemostasia denominada propiamente coagulación?

a) Fibrinógeno.
b) Factores de coagulación.
c) Fibrina.
d) Plaquetas.

2. Los factores de coagulación son esencialmente:

a) Polisacáridos plasmáticos.
b) Proteínas plasmáticas.
c) Lípidos plasmáticos.
d) Esteres de colesterol plasmático.

3. ¿Qué objetivo se persigue con el mecanismo fisiológico conocido como hemostasia?

a) Minimizar en todo lo posible las pérdidas de sangre que se producen de manera constante en las paredes de los vasos por lesiones.
b) Hacer que la sangre sea más líquida, mediante los factores de coagulación.
c) Mantener constante la volemia en relación con los volúmenes de los espacios hídricos corporales.
d) Conservar el equilibrio ácido- base, e hidro-salino.

4. ¿Cómo se denomina la capa más interior de un vaso sanguíneo?

a) Capa endotelial.
b) Capa subendotelial.
c) Capa muscular.
d) Capa adventicia.

5. ¿Cuál es la primera fase propiamente dicha en la formación del tapón hemostático cuando aparece una hemorragia?

a) Fase de formación de trombina.
b) Fase de formación de fibrina.
c) Fase de fibrinolisis.
d) Fase vascular (propia pared).

6. ¿Quién mediará de manera inmediata en la vasoconstricción que se produce ante una lesión en la pared vascular, que la reducirá para intentar que la pérdida de sangre sea mínima?

a) Las sustancias liberadas por las plaquetas, principalmente la serotonina y el tromboxano A2 (TX A2)
b) Las sustancias liberadas por los basófilos, fundamentalmente histamina.
c) Las sustancias liberadas por los eosinófilos, esencialmente heparina.
d) El sistema nervioso simpático.

7. ¿Qué capa de la pared vascular es la encargada de producir la vasoconstricción ante una lesión en la propia pared?

a) Capa endotelial.
b) Capa subendotelial.
c) Capa muscular.
d) Capa adventicia.

8. ¿Qué capa del vaso activará a las plaquetas para que se lleve a cabo la adhesión de las mismas?

a) Endotelial.
b) Subendotelial.
c) Muscular.
d) Adventicia.

9. ¿Qué sustancias activarán a la protrombina para formar trombina en sólo 15 segundos en el proceso de formación del tapón hemostático?

a) El factor de Hageman o de contacto (F XII) actuará sobre el factor XI y IX, en presencia del calcio.
b) El factor VIII junto a las secreciones plaquetarias, en presencia del calcio.
c) La tromboplastina activada unida al factor V, los fosfolípidos plaquetarios y el calcio.
d) Ninguna de las anteriores.

10. ¿Qué nombre recibe un trombo o coágulo desprendido y circulante por el vaso sanguíneo?

a) Plásmido.
b) Episoma.
c) Émbolo.
d) Red de fibrina.

11. ¿Qué factor de coagulación convertirá el fibrinógeno en fibrina (vía intrínseca)?

a) Factor IV.
b) Factor V.
c) Factor XI.
d) Factor XIII.

12. ¿Cómo se denomina el proceso de destrucción del coágulo tras la completa recuperación del vaso sanguíneo?

a) Plasminolisis.
b) Fibrinolisis.
c) Pinocitosis.
d) Fagocitosis.

En MADTEST tienes **más preguntas de este tema, comentadas y argumentadas**, y todos tus avances quedan registrados y se reflejan en el ranking.

¡Supera tus límites con MADTEST!

A continuación te presentamos algunos ejemplos de preguntas comentadas:

13. ¿Cómo se activarán los factores de coagulación para que el fibrinógeno se convierta en fibrina?

a) Todos a la vez.
b) Antes los de una vía y luego los de la otra vía.
c) En cascada (la activada activará a otra, y así sucesivamente).
d) Alternativamente, se activan dos que activan a uno, y luego este a otros dos, y así sucesivamente.

Respuesta correcta: c) En cascada (la activada activará a otra, y así sucesivamente).

Para la transformación de fibrinógeno en fibrina se activan los factores de coagulación. Estas proteínas se activarán en cascada, es decir, para que una se active la anterior debe estar activada.

14. ¿En qué clasificación incluirías a los factores de coagulación de tipo hepático?

a) Según su naturaleza.
b) Según su función.
c) Según su procedencia.
d) Según su sensibilidad.

Respuesta correcta: c) Según su procedencia.

Los factores de coagulación según su procedencia se clasifican en tisulares, plasmáticos, plaquetarios y hepáticos.

15. ¿Cuál es el factor II de coagulación?

a) Tromboplastina.
b) Protrombina.
c) Fibrinógeno.
d) Serotonina.

Respuesta correcta: b) Protrombina.

La protrombina (PT) o factor II de coagulación, es una glucoproteína presente en el plasma sanguíneo, ausente en el suero, que se sintetiza en el hígado y es vitamina K dependiente.

Solución al test n.º 10

1. d) Plaquetas.

2. b) Proteínas plasmáticas.

3. a) Minimizar en todo lo posible las pérdidas de sangre que se producen de manera constante en las paredes de los vasos por lesiones.

4. a) Capa endotelial.

5. d) Fase vascular (propia pared).

6. d) El sistema nervioso simpático.

7. c) Capa muscular.

8. b) Subendotelial.

9. c) La tromboplastina activada unida al factor V, los fosfolípidos plaquetarios y el calcio.

10. c) Émbolo.

11. d) Factor XIII.

12. b) Fibrinolisis.

13. c) En cascada (la activada activará a otra, y así sucesivamente).

14. c) Según su procedencia.

15. b) Protrombina.

Vías de administración de medicamentos empleados en odontología: vía enteral, vía parenteral, vía cutánea y vía inhalatoria

1. ¿Cuál es el nombre oficial de un fármaco o medicamento durante su existencia como tal?

a) Nombre estatal.
b) Nombre comercial.
c) Nombre genérico.
d) Nombre químico.

2. ¿Qué parte de la farmacología estudia las reacciones adversas y las enfermedades producidas por los medicamentos?

a) Farmacocinética.
b) Farmacodinamia.
c) Farmacología terapéutica.
d) Toxicología.

3. ¿Cuál es la es la rama de la farmacología que estudia los procesos a los que un fármaco es sometido a través de su paso por el organismo?

a) Farmacognosia.
b) Farmacocinética.
c) Farmacodinamia.
d) Farmacoterapéutica.

4. ¿Cómo se denominan aquellos medicamentos que se emplean para la prevención de enfermedades?

a) Causales.
b) Sustitutivos.
c) Profilácticos.
d) Sintomáticos.

5. ¿Cuál es la sustancia del fármaco o medicamento responsable de la acción farmacológica?

a) Catalizador.
b) Coadyuvante.
c) Excipiente.
d) Principio activo.

6. ¿Qué nombre recibe la fase de concentración mantenida de un medicamento en el plasma durante una serie de dosis programadas?

a) Inicio.
b) Meseta.
c) Pico.
d) Atenuación.

7. ¿Qué atributo le darías a los fármacos que quitan la tos (antitusígenos) en los procesos gripales, o la fiebre (antipiréticos)?

a) Terapéuticos.
b) Preventivos.
c) Sustitutivos.
d) Sintomáticos.

8. ¿Qué nombre reciben las moléculas sobre las que actúan selectivamente los fármacos?

a) Estimuladoras farmacológicas.
b) Efectores farmacológicos.
c) Receptores farmacológicos.
d) Dianas o blancos secundarios del efecto.

9. ¿Qué acrónimo es el que se emplea para designar el conjunto de procesos que sufre un fármaco desde que se administra hasta que se elimina por una vía (farmacocinética) del organismo?

a) ALDTE.
b) LADME.
c) LADTE.
d) RADTE.

10. ¿Cuál es la principal vía de excreción de un fármaco?

a) Respiratoria.
b) Urinaria (orina).

c) Cutánea (sudor).
d) Metabólica.

11. ¿En qué vía de entrada del fármaco al organismo no existe la fase de absorción?

a) Oral.
b) Intravenosa.
c) Cutánea.
d) Respiratoria.

12. ¿Qué procesos farmacocinéticos reúne la fase de disposición?

a) Liberación absorción y distribución.
b) Distribución, metabolismo y excreción.
c) Absorción, distribución y metabolismo.
d) Absorción, distribución y excreción.

En MADTEST tienes **más preguntas de este tema, comentadas y argumentadas**, y todos tus avances quedan registrados y se reflejan en el ranking.

¡Supera tus límites con MADTEST!

A continuación te presentamos algunos ejemplos de preguntas comentadas:

13. ¿Qué forma del fármaco es capaz de unirse a su receptor y ejercer su acción farmacológica?

a) La unida a albúmina plasmática.
b) La unida a elementos formes intracelulares.
c) La forma detoxicada por el hígado.
d) La forma libre.

Respuesta correcta: d) La forma libre.

Estos procesos de unión del fármaco dan lugar a variaciones en los parámetros farmacocinéticos, puesto que estas uniones pueden variar la concentración de fármaco libre (no unido a proteínas) actuando como reservorio de fármaco ya que solo el fármaco libre es capaz de unirse a su receptor y ejercer su acción farmacológica.

14. ¿Dónde se metaboliza corrientemente el fármaco en el organismo biotrans-formándose para ser eliminado?

a) El estómago.
b) El hígado.
c) Los riñones.
d) Los pulmones.

Respuesta correcta: b) El hígado.

Los procesos de eliminación son procesos propiamente del metabolismo, como son la biotransformación del fármaco, que principalmente se efectúa en el hígado, y el otro de excreción, sin alterarse metabólicamente, en el riñón. El hígado presenta una gran cantidad de sistemas enzimáticos, que son los que biotransforman las sustancias.

15. ¿En qué periodo de la vida se requieren ajustes especiales de dosis de medi-camentos?

a) En niños.
b) En ancianos.
c) A cualquier edad.
d) En niños y en ancianos.

Respuesta correcta: d) En niños y en ancianos.

Los ajustes de dosis de fármacos se dan esencialmente en el anciano, ya que existe un desgaste de los sistemas enzimáticos, mientras que niños, especialmente en pre-maturos y neonatos, hay una gran inmadurez enzimática que se prolonga durante los primeros meses de vida. Las dosis de fármaco deben ser menores porque tienen me-nor capacidad de metabolización, y alcanzan altos niveles plasmáticos con la misma dosis de los adultos sanos.

Solución al test n.º 11

1. c) Nombre genérico.

2. d) Toxicología.

3. b) Farmacocinética.

4. c) Profilácticos.

5. d) Principio activo.

6. b) Meseta.

7. d) Sintomáticos.

8. c) Receptores farmacológicos.

9. b) LADME.

10. b) Urinaria (orina).

11. b) Intravenosa.

12. b) Distribución, metabolismo y excreción.

13. d) La forma libre.

14. b) El hígado.

15. d) En niños y en ancianos.

TEST N.º 12

Alteraciones de las encías, mucosa oral y glándulas salivales

1. ¿Cómo surgen las lesiones elementales secundarias?

a) Por un traumatismo.
b) Por infecciones.
c) Al evolucionar y transformarse las lesiones primarias.
d) Al tomar fuertes medicamentos.

2. ¿Podemos considerar la mácula una lesión primaria de consistencia sólida?

a) No.
b) Depende de la gravedad de la lesión.
c) Sí.
d) Depende de su situación.

3. ¿Cómo se denomina la lesión en forma de elevación circunscrita, de consistencia compacta, y con un tamaño entre 1-2 mm?

a) Pápula.
b) Mácula.
c) Displasia.
d) Tumor.

4. ¿Qué lesión elemental de la mucosa oral es primaria?

a) Escama.
b) Costra.
c) Úlcera.
d) Esclerosis.

5. ¿Cuál de las siguientes es una característica del nódulo?

a) Invaden planos profundos.
b) Es una lesión no circunscrita.

c) Su tamaño suele ser de 1-2 mm.

d) Es una lesión que eleva la mucosa a modo de guante.

6. ¿De qué lesión primaria depende la ulceración?

a) De la pápula.

b) De la mácula.

c) De la goma.

d) Del tubérculo.

7. ¿Qué es una úlcera en la mucosa oral serpiginosa?

a) Es aquella que se extiende superficialmente, reparándose en unas zonas y avanzando en otras.

b) Es aquella que se extiende mucho y hacia el mismo lugar.

c) Es aquella que se extiende mucho y hacia sitios diferentes.

d) Es aquella que crece en profundidad y en extensión.

8. ¿A qué grupo pertenecería una estomatitis medicamentosa desde un punto de vista clínico?

a) Patologías vesículo-ampollosas.

b) Patologías generales de la mucosa.

c) Patologías erosivo-ulcerosas.

d) Patologías tumorales de la mucosa bucal.

9. ¿En qué tipo de patologías se incluirían las aftas desde un punto de vista clínico?

a) Se incluirían dentro de las patologías vesículo-ampollosas.

b) Se incluirían dentro de las patologías generales de la mucosa.

c) Se incluirían dentro de las patologías erosivo-ulcerosas.

d) Se incluirían dentro de las patologías de la lengua.

10. ¿En qué enfermedades se desconoce el agente causal?

a) En las enfermedades idiopáticas.

b) En las enfermedades traumáticas.

c) En las enfermedades infecciosas.

d) En las enfermedades alérgicas.

11. ¿Qué fármacos pueden llegar a producir quemaduras superficiales?

a) Ácido acetilsalicílico.

b) Penicilina.

c) Paracetamol.
d) Todas son ciertas.

12. ¿Qué trastorno de la mucosa oral o de la lengua se presenta generalmente en las infecciones bacterianas de la cavidad bucal?

a) Aftas.
b) Lengua saburral.
c) Herpes labial.
d) Herpes simple.

En MADTEST tienes **más preguntas de este tema, comentadas y argumentadas**, y todos tus avances quedan registrados y se reflejan en el ranking.

¡Supera tus límites con MADTEST!

A continuación te presentamos algunos ejemplos de preguntas comentadas:

13. ¿Cuál es la clínica de la mucosa mordisqueada?

a) Áreas blanquecinas que se descaman.
b) Áreas blanquecinas que se descaman llegando a ulceraciones.
c) Zonas rojizas.
d) Grietas en los labios.

Respuesta correcta: a) Áreas blanquecinas que se descaman.

La mucosa mordisqueada (o mordiscatio) son lesiones que aparecen a consecuencia de un hábito anormal del paciente de morderse continuamente la mucosa adyacente a los dientes. Se da frecuente en personas muy nerviosas e individuos jóvenes. Y clínicamente se observan áreas blanquecinas que se descaman.

14. Antes de realizar la biopsia, ¿cuántos días se espera, como máximo, a que evolucionen normalmente las lesiones traumáticas de la mucosa oral?

a) 3.
b) 7.
c) 15.
d) 30.

Respuesta correcta: c) 15.

En las ulceraciones traumáticas de la mucosa oral, se debe eliminar el agente causante y, si en 15 días no cura la lesión tomar una biopsia ya que pueden ser el asiento de una neoplasia incipiente.

15. ¿Qué color es el que predomina en las leucoplasias orales?

a) Verdoso.
b) Azulado.
c) Rojizo pardo.
d) Blanquecino.

Respuesta correcta: d) Blanquecino.

La leucoplasia es un cambio de coloración predominantemente blanquecina de la mucosa bucal, que no se elimina con el raspado y en ausencia de asociación a cualquier agente químico o físico excepto el tabaco y que no pueden caracterizarse como otra lesión bien definida.

Solución al test n.º 12

1. c) Al evolucionar y transformarse las lesiones primarias.

2. a) No.

3. a) Pápula.

4. a) Escama.

5. a) Invaden planos profundos.

6. d) Del tubérculo.

7. a) Es aquella que se extiende superficialmente, reparándose en unas zonas y avanzando en otras.

8. b) Patologías generales de la mucosa.

9. c) Se incluirían dentro de las patologías erosivo-ulcerosas.

10. a) En las enfermedades idiopáticas.

11. a) Ácido acetilsalicílico.

12. b) Lengua saburral.

13. a) Áreas blanquecinas que se descaman.

14. c) 15.

15. d) Blanquecino.

TEST N.º 13

Composición microbiológica de la placa dental

1. ¿Qué estudia la microbiología?

a) Virus y bacterias.
b) Muchas algas y hongos.
c) Protozoos y algunos metazoos pequeños.
d) Todos los anteriores.

2. ¿Qué microorganismo es procariota?

a) Bacterias.
b) Protozoos.
c) Virus.
d) Son ciertas las respuestas a) y c).

3. ¿Cuál de las siguientes afirmaciones sobre las bacterias es falsa?

a) Su tamaño oscila entre 0,2 y 10 micras.
b) Su material genético está disperso en el citoplasma.
c) Pueden ser unicelulares o pluricelulares.
d) Sus células son de tipo procariota.

4. ¿Cómo se denominan las bacterias de forma redondeada agrupadas formando cadenas?

a) Diplococos.
b) Cadenococos.
c) Estafilococos.
d) Estreptococos.

5. ¿Cómo se denominan aquellas bacterias que pueden vivir en presencia de oxígeno, pero no lo utilizan?

a) Anaerobios estrictos.
b) Aerobios moderados.

c) Anaerobios aerotolerantes.
d) Anaerobios facultativos.

6. ¿Cómo se denomina la estructura bacteriana que poseen por fuera, rodeando la membrana citoplasmática?

a) Cápsula.
b) Cubierta.
c) Pared celular.
d) Muro citoplasmático.

7. ¿Qué composición posee la pared celular?

a) Mureína.
b) Peptidoglicano.
c) Dextrina.
d) Son ciertas las respuestas a) y b), ya que son sinónimos.

8. ¿Qué afirmación es falsa respecto a la bacteria GRAM positiva?

a) Su pared se tiñe de violeta con dicha tinción.
b) Posee una capa gruesa de peptidoglicano.
c) La mureína no es el componente principal de su pared.
d) Todo lo anterior es cierto.

9. ¿Qué componente es el mayoritario de la membrana citoplasmática de las bacterias?

a) Proteínas.
b) Fosfolípidos.
c) Enzimas.
d) Azúcares.

10. ¿Cómo se denominan las invaginaciones de la membrana plasmática hacia el interior del citoplasma, que tienen aspecto de ovillos, con estructuras vesiculares o tubulares, especialmente en las bacterias GRAM +?

a) Mesosomas.
b) Plasmosomas.
c) Vacuolas.
d) Ribosomas.

11. ¿Qué son los plásmidos en las bacterias?

a) Son flagelos.
b) Son cilios.

c) Son pequeñas moléculas de ADN.
d) Son pequeñas moléculas de ARN.

12. ¿Qué estructura bacteriana tiene relación con la función sexual en las bacterias?

a) Los flagelos.
b) El pili.
c) El glicocálix.
d) El pilili.

En MADTEST tienes **más preguntas de este tema, comentadas y argumentadas**, y todos tus avances quedan registrados y se reflejan en el ranking.

¡Supera tus límites con MADTEST!

A continuación te presentamos algunos ejemplos de preguntas comentadas:

13. ¿Cómo se denominan las formas de resistencia de las bacterias en circunstancias comprometidas u hostiles?

a) Cápsulas.
b) Glicocálix.
c) Pared celular.
d) Esporas.

Respuesta correcta: d) Esporas.

Las esporas son formas de resistencia de las bacterias en circunstancias comprometidas u hostiles. Es un elemento de pequeño tamaño que contiene el material genético, dotado de cubiertas impermeables. Se pueden localizar dentro de las bacterias, que son las endosporas, o por fuera que son las exosporas.

14. ¿Qué es falso de los hongos?

a) Son eucariotas.
b) Poseen pared celular.
c) No poseen clorofila.
d) La pared celular es de peptidoglicano.

Respuesta correcta: d) La pared celular es de peptidoglicano.

Los hongos son microorganismos que viven libres en la naturaleza, teniendo como función la de reciclar desechos orgánicos. Están formados por células eucariotas. Son saprofitos y necesitan otras células para vivir no teniendo clorofila. Poseen una pared celular rígida de naturaleza química y antigénica muy diferente a la bacteriana, porque no tiene peptidoglicano.

15. ¿Qué hongos pueden convertirse en patógenos oportunistas?

a) Hongos comensales.
b) Hongos saprofitos.
c) Hongos mutualistas o simbiontes.
d) Tanto los comensales como los saprofitos.

Respuesta correcta: d) Tanto los comensales como los saprofitos.

Se habla de hongos patógenos, cuando la interacción entre el hongo y su hospedador da lugar a la enfermedad, si el parasitismo no conlleva alteraciones se denominan hongos comensales. Tanto estos como los de vida libre (saprofitos) pueden convertirse en patógenos oportunistas en determinadas circunstancias.

Solución al test n.º 13

1. d) Todos los anteriores.

2. a) Bacterias.

3. c) Pueden ser unicelulares o pluricelulares.

4. d) Estreptococos.

5. c) Anaerobios aerotolerantes.

6. c) Pared celular.

7. d) Son ciertas las respuestas a) y b), ya que son sinónimos.

8. c) La mureína no es el componente principal de su pared.

9. a) Proteínas.

10. a) Mesosomas.

11. c) Son pequeñas moléculas de ADN.

12. b) El pili.

13. d) Esporas.

14. d) La pared celular es de peptidoglicano.

15. d) Tanto los comensales como los saprofitos.

TEST N.º 14

Composición microbiológica de la saliva

1. ¿Qué tipo de secreción caracteriza a la glándula parótida?

a) Serosa.
b) Mucosa.
c) Mucoserosa.
d) Ácida.

2. ¿Cuál es el componente mayoritario de la saliva?

a) Proteínas.
b) Agua.
c) Amilasa.
d) Células epiteliales.

3. ¿Qué enzima presente en la saliva actúa sobre el almidón?

a) Tripsina.
b) Lisozima.
c) Ptialina.
d) Maltasa.

4. ¿Qué glándula salival produce saliva con mayor contenido en mucina?

a) Parótida.
b) Submandibular.
c) Sublingual.
d) Salival menor.

5. ¿En qué tipos de papilas linguales se encuentran los botones gustativos o corpúsculos del gusto?

a) En las papilas caliciformes y filiformes.
b) En las papilas filiformes y fungiformes.

c) En las papilas caliciformes y fungiformes.
d) En todas las papilas linguales sin excepción.

6. ¿Cuál de las siguientes funciones no está directamente relacionada con la saliva?

a) Lubricación.
b) Mantenimiento del pH.
c) Producción de linfocitos.
d) Protección antimicrobiana.

7. ¿Qué tipo de bacterias predominan inicialmente en la cavidad bucal del recién nacido?

a) Anaerobias.
b) Bacilos Gram negativos.
c) Cocos Gram positivos.
d) Spirochetas.

8. ¿Cuál de los siguientes no es un ecosistema primario de la cavidad oral?

a) Mucosa bucal.
b) Superficie dental supragingival.
c) Saliva.
d) Surco gingival.

9. ¿Cuál es el principal sistema tampón salival que ayuda a mantener el pH neutro?

a) Sistema proteico.
b) Sistema ácido-base.
c) Sistema bicarbonato.
d) Sistema oxígeno-reducción.

10. ¿Qué inmunoglobulina se encuentra más comúnmente en la saliva?

a) IgG.
b) IgA.
c) IgE.
d) IgM.

11. ¿Cuál de estas bacterias aerobias es más relevante en la formación de caries?

a) *Staphylococcus epidermidis*.
b) *Streptococcus mutans*.
c) *Neisseria sicca*.
d) *Veillonella parvula*.

12. ¿Qué glándula produce la mayor cantidad de saliva en reposo?

a) Parótida.
b) Submandibular.
c) Sublingual.
d) Salival menor.

En MADTEST tienes **más preguntas de este tema, comentadas y argumentadas**, y todos tus avances quedan registrados y se reflejan en el ranking.

¡Supera tus límites con MADTEST!

A continuación te presentamos algunos ejemplos de preguntas comentadas:

13. ¿Qué tipo de microorganismo es Cándida albicans?

a) Bacteria.
b) Virus.
c) Hongo.
d) Protozoo.

Respuesta correcta: c) Hongo.

Cándida albicans es un hongo oportunista que forma parte de la microbiota oral normal. Puede proliferar de forma patológica en condiciones de inmunosupresión o desequilibrio del ecosistema bucal, provocando candidiasis oral.

14. ¿Cuál es una función gustativa de la saliva?

a) Inhibir el sabor de alimentos.
b) Activar receptores olfativos.
c) Diluir sustancias químicas del alimento.
d) Aumentar la temperatura de la lengua.

Respuesta correcta: c) Diluir sustancias químicas del alimento.

La saliva permite la percepción del sabor al disolver los compuestos químicos presentes en los alimentos. Estos compuestos, ya disueltos, estimulan los receptores gustativos localizados en las papilas linguales.

15. ¿Cuál es el efecto del calcio presente en la saliva?

a) Aumenta la viscosidad.
b) Participa en la remineralización dental.
c) Elimina bacterias Gram negativas.
d) Inhibe la digestión de lípidos.

Respuesta correcta: b) Participa en la remineralización dental.

El calcio salival, junto con el fosfato, contribuye al equilibrio dinámico entre desmineralización y remineralización del esmalte dental. Su presencia es fundamental para la protección frente a la caries.

Solución al test n.º 14

1. a) Serosa.

2. b) Agua.

3. c) Ptialina.

4. c) Sublingual.

5. c) En las papilas caliciformes y fungiformes.

6. c) Producción de linfocitos.

7. c) Cocos Gram positivos.

8. c) Saliva.

9. c) Sistema bicarbonato.

10. b) IgA.

11. b) *Streptococcus mutans*.

12. b) Submandibular.

13. c) Hongo.

14. c) Diluir sustancias químicas del alimento.

15. b) Participa en la remineralización dental.

Desarrollo embriológico: odontogénesis. Origen de los tejidos dentarios y fases de la formación del diente. Dentición temporal y definitiva. Erupción dental

1. ¿Cuándo comienza la etapa prenatal?

a) Tras la concepción, previamente a la implantación o anidación.
b) Tras la concepción, y tras la implantación o anidación.
c) En la fase propiamente embrionaria.
d) Desde el momento de la concepción.

2. ¿Qué tipo de lesiones o trastornos son las que se pueden dar por los elementos teratógenos durante el primer período de división celular a nivel prenatal (desde cigoto a la formación del disco embrionario bilaminar?

a) Alteraciones cromosómicas.
b) Malformaciones genéticas.
c) Alteraciones congénitas.
d) Abortos.

3. ¿En qué fase se encuentra el producto de la concepción que aparece en esta imagen?

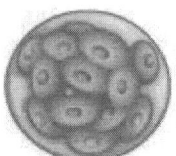

a) En la fase prenatal de blastómeros.
b) En la fase de mórula.
c) En la fase prenatal de blastocitos (blástula).
d) En la fase prenatal de trofoblastos.

4. La estructura de gástrula durante la gestación se produce durante la semana:

a) 2.ª y 3.ª de vida uterina.
b) 3.ª y 4.ª de vida uterina.
c) 4.ª y 5.ª de vida uterina.
d) 5.ª y 6.ª de vida uterina.

5. ¿Qué capas de células forman el denominado disco embrionario?

a) Las capas de células del ectodermo y del mesodermo.
b) Las capas de células del ectodermo y del endodermo.
c) Las capas de células del endodermo y del mesodermo.
d) Las capas de células del ectodermo, del endodermo y del mesodermo.

6. ¿Qué capa de células envuelve o rodea la cavidad amniótica o amnios a nivel embrionario?

a) Las capas celulares del disco embrionario.
b) Las capas celulares del ectodermo.
c) Las capas celulares del endodermo.
d) Las capas celulares del mesodermo.

7. ¿Qué capa mesenquimatosa durante la fase embrionaria rodea al endodermo del saco vitelino?

a) Somatopleura.
b) Esplacnopleura.
c) Sincitiotrofoblasto.
d) Corion.

8. ¿A qué estructuras se le denomina placenta?

a) Se denomina placenta a la unión de placenta materna, placenta fetal, polo embrionario, sincitiotrofoblasto y corion.
b) Se le denomina placenta a la unión de placenta materna y placenta fetal.
c) Se le denomina placenta a la unión de placenta materna, polo embrionario, sincitiotrofoblasto y corion.
d) Se le denomina placenta a la unión de placenta materna, placenta fetal y embrión.

9. ¿Sobre qué semana de gestación surgen o aparecen los que serán los 20 dientes de leche, aún sin brotar (intraalveolarmente)?

a) Quinta.
b) Sexta.
c) Séptima.
d) Décima.

10. El esbozo cardíaco, se observa por sus latidos, a partir de la semana de gestación número:

a) 3.
b) 5.

c) 7.
d) 9.

11. ¿Cómo se denomina el proceso de formación de los diversos órganos a partir de las tres hojas embrionarias?

a) Somatogénesis.
b) Organogénesis.
c) Embriogénesis.
d) Fetogénesis.

12. ¿Cómo se denomina los cuerpos mesodérmicos que están a cada lado del tubo neural en desarrollo durante la fase embrionaria?

a) Notocordios.
b) Somitas.
c) Neurotos.
d) Nervitos.

En MADTEST tienes **más preguntas de este tema, comentadas y argumentadas**, y todos tus avances quedan registrados y se reflejan en el ranking.

¡Supera tus límites con MADTEST!

A continuación te presentamos algunos ejemplos de preguntas comentadas:

13. ¿Qué estructura de las expuestas origina el mesodermo?

a) Los vasos.
b) La hipófisis.
c) El sistema nervioso periférico.
d) Origina todo lo anterior.

Respuesta correcta: a) Los vasos.

El mesodermo, entre otras estructuras, origina: los riñones, los cartílagos, los huesos, el tejido conectivo, los vasos, el músculo liso y estriado, el corazón…

14. ¿En qué fase de la gestación la acción de los factores ambientales ocasionan unos defectos congénitos que no son tan graves u obvios, e incluyen menor frecuencia de retraso mental y defectos en los ojos, orejas, dientes y genitales externos?

a) En la fase de morfogénesis.
b) En la fase de división celular.

c) En la fase embrionaria.
d) En la fase fetal.

Respuesta correcta: d) En la fase fetal.

El objetivo predominante durante el periodo fetal es el crecimiento de todas las estructuras importantes que ya se habían diferenciado, por ello y en general los defectos congénitos no son tan graves u obvios durante la misma, e incluyen un menor tamaño (hipoplasia o microplasia), retraso mental y defectos en los ojos, orejas, dientes y genitales externos.

15. ¿Cómo se denomina la sustancia grasienta, de color blanquecino, que se deposita en la piel al final de la vida uterina?

a) Lanugo.
b) Vérnix caseosa.
c) Grasa parda.
d) Grasa alba.

Respuesta correcta: b) Vérnix caseosa.

Hacia el final de la vida uterina, la piel está cubierta por una sustancia grasienta blanquecina, la vérnix caseosa, que es un producto de secreción de las glándulas sebáceas.

Solución al test n.º 15

1. d) Desde el momento de la concepción.

2. d) Abortos.

3. b) En la fase de mórula.

4. a) 2.ª y 3.ª de vida uterina.

5. c) Las capas de células del endodermo y del mesodermo.

6. b) Las capas celulares del ectodermo.

7. b) Esplacnopleura.

8. b) Se le denomina placenta a la unión de placenta materna y placenta fetal.

9. c) Séptima.

10. a) 3.

11. b) Organogénesis.

12. b) Somitas.

13. a) Los vasos.

14. d) En la fase fetal.

15. b) Vérnix caseosa.

TEST N.º 16

Desarrollo y alteraciones de la estructura dentaria. Oclusión

1. ¿A qué aspectos de la dentición van a afectar esencialmente las diferentes malformaciones dentales?

a) Pueden producir anomalías en los dientes que afectan esencialmente a la masticación.
b) Pueden producir anomalías en los dientes que afectan esencialmente a la erupción.
c) Pueden producir anomalías en los dientes que afectan esencialmente a la fonación.
d) Pueden producir anomalías en los dientes que afectan esencialmente a la salivación.

2. ¿Qué tipo de factores pueden causar anomalías del desarrollo dentario?

a) Genéticos o hereditarios, y cromosómicos.
b) Ambientales.
c) Multifactoriales.
d) Todo lo anterior es cierto.

3. ¿Qué tipo de factores causales son los fármacos como agentes causantes de anomalías del desarrollo dentario?

a) Causas genéticas o hereditarias.
b) Causas ambientales.
c) Causas multifactoriales.
d) Causas cromosómicas.

4. ¿Qué es realmente una fluorosis?

a) Una amelogenésis imperfecta.
b) Una dentinogénesis imperfecta.
c) Una hipoplasia del esmalte.
d) Una displasia dentinaria.

5. ¿Qué patología de la estructura del diente puede acompañar a la osteogénesis imperfecta?

a) La amelogenésis imperfecta.
b) La dentinogénesis imperfecta.
c) La hipoplasia del esmalte.
d) La displasia dentinaria.

6. ¿En qué patología genética del esmalte se da exclusivamente una mineralización alterada del mismo?

a) En la amelogenésis imperfecta hipoplásica.
b) En la amelogenésis imperfecta hipomadurativa.
c) En la amelogenésis imperfecta hipocalcificada.
d) En la amelogenésis imperfecta retromolar.

7. ¿Qué agente exógeno es capaz de producir una displasia dentinaria?

a) Ingesta de flúor excesivo.
b) Tetraciclinas.
c) Hipertermia.
d) Ibuprofeno.

8. ¿Qué patología esporádica displásica se caracteriza por menoscabar a una o varias piezas dentarias, normalmente del mismo cuadrante, denominándosele también patología de "los dientes fantasmas"?

a) Anquilosis.
b) Taurodoncia.
c) Displasia dentinaria tipo II coronal.
d) Odontodisplasia regional.

9. ¿Qué piezas dentarias se ven más sujetas a la patología de "dientes no erupcionados"?

a) Caninos superiores e inferiores.
b) Caninos inferiores y terceros molares.
c) Caninos superiores y terceros molares.
d) Caninos superiores y primeros molares.

10. ¿Cómo se denomina el trastorno resultado de la ingestión de agua potable demasiado fluorada sobre los dientes permanentes, que se manifiesta por manchas amarillas-marrones y/o un cambio del esmalte con pérdida de sustancia?

a) Hiperfluoración.
b) Ozonofluoración.

c) Fluorosis.
d) Fluoritis aguda.

11. ¿Qué nivel del índice de Dean es una fluorosis de nivel moderado?

a) Es el nivel 2.
b) Es el nivel 3.
c) Es el nivel 4.
d) Es el nivel 5.

12. ¿Qué nivel en el índice de Dean será aquel de fluorosis donde se observan áreas blancas opacas que cubren menos del 50 % de la superficie del diente?

a) Nivel de fluorosis según índice de Dean cuestionable.
b) Nivel de fluorosis según índice de Dean leve.
c) Nivel de fluorosis según índice de Dean moderado.
d) Nivel de fluorosis según índice de Dean severo.

En MADTEST tienes **más preguntas de este tema, comentadas y argumentadas**, y todos tus avances quedan registrados y se reflejan en el ranking.

¡Supera tus límites con MADTEST!

A continuación te presentamos algunos ejemplos de preguntas comentadas:

13. ¿Qué dientes son los más frecuentemente "traspuestos"?

a) Caninos superiores.
b) Terceros molares.
c) Caninos inferiores.
d) Incisivos centrales.

Respuesta correcta: a) Caninos superiores.

La anomalía estructural que se presenta como diente traspuesto es más frecuente que se afecte o visualice a nivel de canino superior.

14. ¿Cómo se denomina cuando el diente no está en su posición normal?

a) Diente pseudoerupcionado.
b) Diente rotado.

c) Diente traspuesto.
d) Diente hipermaduro.

Respuesta correcta: c) Diente traspuesto.

Los dientes traspuestos son aquellos que no ocupan su posición normal.

15. ¿Cuál es la causa de la abrasión de Melfi?

a) Empleo de un palillo entre los incisivos superiores.
b) Uso de cepillos con cerdas duras.
c) Utilización de un dentífrico arenoso.
d) Todo lo anterior es cierto.

Respuesta correcta: a) Empleo de un palillo entre los incisivos superiores.

La abrasión de Melfi es debida al empleo de un palillo entre los incisivos superiores.

Solución al test n.º 16

1. b) Pueden producir anomalías en los dientes que afectan esencialmente a la erupción.

2. d) Todo lo anterior es cierto.

3. b) Causas ambientales.

4. c) Una hipoplasia del esmalte.

5. b) La dentinogénesis imperfecta.

6. c) En la amelogenésis imperfecta hipocalcificada.

7. b) Tetraciclinas.

8. d) Odontodisplasia regional.

9. c) Caninos superiores y terceros molares.

10. c) Fluorosis.

11. c) Es el nivel 4.

12. b) Nivel de fluorosis según índice de Dean leve.

13. a) Caninos superiores.

14. c) Diente traspuesto.

15. a) Empleo de un palillo entre los incisivos superiores.

TEST N.º 17

Alimentos cariogénicos y no cariogénicos: Etiología de la caries dental, dieta, cariogenidad y factores dietarios implicados en la génesis de la caries

1. ¿Cuál de los siguientes factores alimentarios tiene mayor efecto cariogénico en la infancia?

a) Aporte de proteínas.
b) Cantidad de lípidos en la dieta.
c) Ingesta de vegetales crudos.
d) Consumo habitual de sacarosa.

2. ¿Qué efecto han tenido el uso del flúor y los edulcorantes artificiales en la salud dental?

a) Han incrementado la producción de placa bacteriana.
b) Han favorecido la fermentación de los azúcares en la cavidad oral.
c) Han contribuido a la prevención de la caries y la destrucción del esmalte dentario.
d) Han sustituido completamente la necesidad de higiene bucal.

3. ¿Qué componente presente en la leche entera contribuye a la remineralización del esmalte?

a) Vitamina C.
b) Calcio.
c) Ácido fólico.
d) Zinc.

4. ¿Cuál de los siguientes alimentos se considera anticariogénico?

a) Pan blanco.
b) Caramelo duro.
c) Queso gruyère.
d) Chocolate con leche.

5. ¿Cuál es el mecanismo principal por el que el xilitol previene la caries dental?

a) Estimulación de la formación de sarro.
b) Activación de bacterias acidogénicas.
c) Reducción de la remineralización.
d) Disminución en la producción de ácidos por las bacterias.

6. ¿Qué propiedad del almidón cocido aumenta su potencial cariogénico?

a) Su pH neutro.
b) Su bajo índice glucémico.
c) Su gelatinización.
d) Su contenido en fibra insoluble.

7. ¿Qué tipo de alimentos se considera cariostático?

a) Refrescos azucarados.
b) Chicles sin azúcar con xilitol.
c) Galletas blandas.
d) Pan de molde industrial.

8. ¿Cuál de las siguientes acciones ayuda a prevenir la caries del biberón?

a) Acostar al bebé con zumo.
b) Utilizar biberón con leche azucarada.
c) Ofrecer agua en el biberón antes de dormir.
d) Endulzar el chupete con miel.

9. ¿Qué macronutriente favorece la formación de una película protectora sobre el esmalte?

a) Glúcidos.
b) Ácidos nucleicos.
c) Vitaminas.
d) Lípidos.

10. ¿Qué ocurre cuando se consume azúcar con demasiada frecuencia al día?

a) Se eleva el pH salival de forma continua.
b) Se reduce la secreción salival.
c) Aumentan los periodos de remineralización.
d) Se inhibe la remineralización por falta de tiempo.

11. ¿Cuál de las siguientes formas de azúcar es más cariogénica por su permanencia en boca?

a) Azúcar disuelta en líquidos.
b) Fructosa de frutas enteras.
c) Miel en bebidas calientes.
d) Caramelos pegajosos y masticables.

12. ¿Cuál de los siguientes factores puede aumentar la capacidad buffer de la saliva?

a) Consumo de bebidas ácidas.
b) Ayuno prolongado.
c) Estimulación salival mediante alimentos duros.
d) Presencia de placa bacteriana activa.

En MADTEST tienes **más preguntas de este tema, comentadas y argumentadas**, y todos tus avances quedan registrados y se reflejan en el ranking.

¡Supera tus límites con MADTEST!

A continuación te presentamos algunos ejemplos de preguntas comentadas:

13. ¿Qué factor de la dieta influye más en la aparición de caries dental?

a) La cantidad total de azúcar.
b) La frecuencia de consumo de azúcares.
c) El índice glucémico de los alimentos.
d) El tipo de bebida consumida.

Respuesta correcta: b) La frecuencia de consumo de azúcares.

Es más determinante la cantidad de veces al día que se consume azúcar que la cantidad total ingerida, ya que cada exposición inicia un proceso de desmineralización en el esmalte.

14. ¿Qué sustancia de la saliva favorece la remineralización dental?

a) Ácido láctico.
b) Mucina.

c) Fosfato cálcico.
d) Urea.

Respuesta correcta: c) Fosfato cálcico.

El fosfato cálcico presente en la saliva ayuda a restaurar la estructura del esmalte al reponer los minerales perdidos durante la exposición ácida.

15. ¿Qué característica presenta un alimento cariostático?

a) Aumenta la acidez del medio bucal.
b) Inhibe el crecimiento bacteriano.
c) Contiene alto contenido en glucosa.
d) Permanece largo tiempo en boca.

Respuesta correcta: b) Inhibe el crecimiento bacteriano.

Los alimentos cariostáticos ayudan a limitar el desarrollo bacteriano o contribuyen a neutralizar los ácidos, reduciendo el riesgo de caries, como ocurre con el queso y el xilitol.

Solución al test n.º 17

1. d) Consumo habitual de sacarosa.

2. c) Han contribuido a la prevención de la caries y la destrucción del esmalte dentario.

3. b) Calcio.

4. c) Queso gruyère.

5. d) Disminución en la producción de ácidos por las bacterias.

6. c) Su gelatinización.

7. b) Chicles sin azúcar con xilitol.

8. c) Ofrecer agua en el biberón antes de dormir.

9. d) Lípidos.

10. d) Se inhibe la remineralización por falta de tiempo.

11. d) Caramelos pegajosos y masticables.

12. c) Estimulación salival mediante alimentos duros.

13. b) La frecuencia de consumo de azúcares.

14. c) Fosfato cálcico.

15. b) Inhibe el crecimiento bacteriano.

TEST N.º 18

Enfermedades periodontales. Periodoncia: Etiología de las enfermedades periodontales, exploración y diagnóstico del paciente periodontal

1. ¿Por qué está constituido el periodonto de inserción?

a) Por la encía y pulpa.
b) Por el hueso alveolar y encía.
c) Por el ligamento periodontal y hueso alveolar.
d) Por el ligamento periodontal, hueso alveolar y cemento.

2. ¿Qué factores son iniciadores de la enfermedad periodontal?

a) Placa bacteriana, cálculo y bacterias.
b) La placa bacteriana y la maloclusión.
c) Los yatrogénicos.
d) Solamente las bacterias.

3. ¿Qué factor etiológico de los siguientes es sistémico de la enfermedad periodontal?

a) La placa bacteriana.
b) La maloclusión.
c) Las anomalías genéticas.
d) Solamente las bacterias.

4. ¿Qué factor iniciador de la enfermedad periodontal actúa realmente como un factor modificador local, ejerciendo como una superficie que facilita la adherencia de nuevos gérmenes y la retención de placa bacteriana?

a) Placa bacteriana.
b) El cálculo dental.
c) La maloclusión.
d) Las bacterias bucales.

5. ¿Qué especies bacterianas son las predominantes en gingivitis asociada a placa bacteriana?

a) Aerobios estrictos.
b) Microaerófilos gram positivos.
c) Espiroquetas y bacilos móviles.
d) Anaerobios facultativos.

6. ¿Cómo se denomina en la actualidad el término de periodontitis de inicio temprano?

a) Periodontitis simple.
b) Periodontitis agresiva.
c) Periodontitis severa.
d) Periodontitis generalizada.

7. ¿Qué déficit vitamínico está relacionado con enfermedad gingival como consecuencia de malnutrición?

a) Déficit de vitamina C.
b) Déficit de vitamina A.
c) Déficit de vitamina K.
d) Déficit de vitamina H.

8. Cuando en una periodontitis crónica la pérdida de inserción es de 1 a 2 mm, se podría estar hablando de:

a) Periodontitis crónica leve.
b) Periodontitis moderada.
c) Periodontitis crónica avanzada.
d) Ninguna de las respuestas es correcta.

9. ¿Cuándo se puede considerar una periodontitis de estadio I, según la clasificación de periodontitis por estadios, según la gravedad del diagnóstico inicial y la complejidad, sobre la base de factores locales?

a) Cuando se dan pérdidas dentarias por razones periodontales.
b) Cuando la profundidad del sondaje está entre 6-7 mm.
c) Cuando la profundidad máxima de sondaje es de ≤ 4 mm.
d) Cuando la pérdida ósea en principalmente horizontal.

10. ¿Qué enfermedad periodontal de estas está clasificada en el grupo de enfermedades periodontales necrotizantes?

a) Absceso gingival.
b) Síndrome de Papillon-Lefevre.

c) Absceso periodontal y necrotizante.
d) Gingivitis ulceronecrotizante.

11. ¿Cuándo se puede considerar una periodontitis de estadio III?

a) Cuando no se dan pérdidas dentarias por razones periodontales.
b) Cuando la profundidad del sondaje está entre 6-7 mm.
c) Cuando la profundidad máxima de sondaje es de 4-5 mm.
d) Cuando la pérdida ósea en principalmente horizontal.

12. ¿Cómo se denomina aquella situación patológica asociada a placa bacteriana producida en los tejidos que rodean a implantes dentales, caracterizada por una inflamación de la mucosa peri implantaría con subsiguiente pérdida progresiva del hueso de sostén?

a) Periodontitis.
b) Periimplantitis.
c) Perirradiculitis.
d) Mucositis periimplantaria.

En MADTEST tienes **más preguntas de este tema, comentadas y argumentadas**, y todos tus avances quedan registrados y se reflejan en el ranking.

¡Supera tus límites con MADTEST!

A continuación te presentamos algunos ejemplos de preguntas comentadas:

13. ¿Qué afirmación es falsa en relación con el índice de enfermedad periodontal (IEP)?

a) Es un índice gingival.
b) Es un índice periodontal.
c) Para su cálculo se analiza un total de cinco piezas dentales, tres por lingual y dos por vestibular.
d) La presencia de una bolsa gingival de más de seis mm de profundidad se valora con seis puntos.

Respuesta correcta: c) Para su cálculo se analiza un total de cinco piezas dentales, tres por lingual y dos por vestibular.

El índice de enfermedad periodontal (IEP) se trata de un índice gingival y periodontal que analiza en seis piezas dentarias la presencia de placa, con el empleo de una solución reveladora de placa, y la presencia y profundidad de la bolsa gingival. La presencia de una bolsa gingival de más de seis mm de profundidad se valora con seis puntos.

14. ¿Qué grado tendrá, tras el cálculo del índice de enfermedad periodontal (IEP), la presencia de bolsa gingival de menos de 3 mm de profundidad?

a) Grado 1.
b) Grado 2.
c) Grado 3.
d) Grado 4.

Respuesta correcta: d) Grado 4.

La presencia de una bolsa gingival de menos de tres mm de profundidad se valora con 4 puntos o de grado 4.

15. ¿Cuál es el índice periodontal más utilizado para las encuestas epidemiológicas, después de ser aceptado por la Federación Dental Internacional (FDI) y la Organización Mundial de la Salud (OMS)?

a) El índice periodontal (IP).
b) El índice de enfermedad periodontal (IEP).
c) El índice de hemorragia papilar de Mühlermann (IHP).
d) El índice Periodontal de Necesidad de Tratamiento de la Comunidad (CPTIN).

Respuesta correcta: d) El índice Periodontal de Necesidad de Tratamiento de la Comunidad (CPTIN).

El índice CPITN (Community Periodontal Index Treatment Needed o Índice Periodontal de Necesidades de Tratamiento de la Comunidad), 1982. Descrito por Ainamo y cols. en 1982, es el índice que más se ha utilizado para las encuestas epidemiológicas, después de ser aceptado por la Federación Dental Internacional (FDI) y la Organización Mundial de la Salud (OMS), aunque también se puede aplicar de forma individual.

Solución al test n.º 18

1. d) Por el ligamento periodontal, hueso alveolar y cemento.

2. a) Placa bacteriana, cálculo y bacterias.

3. c) Las anomalías genéticas.

4. b) El cálculo dental.

5. d) Anaerobios facultativos.

6. b) Periodontitis agresiva.

7. a) Déficit de vitamina C.

8. a) Periodontitis crónica leve.

9. c) Cuando la profundidad máxima de sondaje es de ≤ 4 mm.

10. d) Gingivitis ulceronecrotizante.

11. b) Cuando la profundidad del sondaje está entre 6-7 mm.

12. b) Periimplantitis.

13. c) Para su cálculo se analiza un total de cinco piezas dentales, tres por lingual y dos por vestibular.

14. d) Grado 4.

15. d) El índice Periodontal de Necesidad de Tratamiento de la Comunidad (CPTIN).

TEST N.º 19

Patología pulpar: Etiología, clasificación y características clínicas, diagnóstico y tratamiento

1. ¿Qué característica anatómica de la pulpa limita su capacidad defensiva frente a la inflamación?

a) Alta vascularización.
b) Encierro en un entorno inextensible.
c) Presencia de dentina secundaria.
d) Conexión con múltiples terminaciones nerviosas.

2. ¿Cuál es la principal diferencia clínica entre pulpitis reversible e irreversible?

a) Presencia de hipersensibilidad al frío.
b) Dolor espontáneo y persistente.
c) Respuesta normal a pruebas eléctricas.
d) Exposición pulpar total.

3. ¿Qué hallazgo es característico en la necrosis pulpar?

a) Dolor agudo a estímulos térmicos.
b) Sangrado al sondaje periodontal.
c) Respuesta positiva a pruebas térmicas.
d) Ausencia de respuesta a pruebas de vitalidad.

4. ¿Qué tipo de microorganismos predominan en una gangrena pulpar?

a) Cocos aerobios.
b) Bacilos acidófilos.
c) Anaerobios facultativos.
d) Anaerobios estrictos.

5. ¿Qué tipo de dolor suele indicar una pulpitis aguda supurada?

a) Leve, intermitente.
b) Remitente, no localizado.
c) Intenso, constante y pulsátil.
d) Solo al masticar alimentos duros.

6. ¿Cuál de los siguientes factores es una causa frecuente de daño pulpar iatrogénico?

a) Erupción dental incompleta.
b) Tallado dentario sin refrigeración adecuada.
c) Sobrecarga oclusal fisiológica.
d) Formación de caries secundaria.

7. ¿Qué tipo de pulpitis crónica suele presentarse como un pólipo pulpar en molares jóvenes?

a) Pulpitis cerrada.
b) Pulpitis ulcerada.
c) Pulpitis hiperplásica.
d) Pulpitis irreversible asintomática.

8. ¿Qué tipo de dolor sugiere pulpitis crónica ulcerada?

a) Pulsátil y difuso.
b) Ausente o leve, con posibles molestias.
c) Sordo, persistente, desencadenado por frío.
d) Dolor punzante a la percusión.

9. ¿Cuál es una causa sistémica de daño pulpar mencionada en el tema?

a) Hipovitaminosis C.
b) Diabetes mellitus.
c) Trastornos del tiroides.
d) Intoxicaciones por metales pesados.

10. ¿Qué técnica diagnóstica se emplea para determinar la vitalidad pulpar de forma directa?

a) Percusión horizontal.
b) Prueba de mordida.
c) Anestesia selectiva.
d) Prueba térmica o eléctrica.

11. ¿Cuál es el aspecto clínico más característico de la hiperemia pulpar?

a) Dolor espontáneo severo.
b) Respuesta ausente a estímulos fríos.
c) Sensibilidad aumentada a estímulos térmicos leves.
d) Dolor a la percusión vertical.

12. ¿Qué pulpas son más susceptibles a desarrollar pulpitis hiperplásica?

a) Adultos mayores con retracción gingival.
b) Dientes temporales en proceso de recambio.
c) Molares jóvenes con cámara pulpar amplia.
d) Dientes tratados con restauraciones metálicas.

En MADTEST tienes **más preguntas de este tema, comentadas y argumentadas**, y todos tus avances quedan registrados y se reflejan en el ranking.

¡Supera tus límites con MADTEST!

A continuación te presentamos algunos ejemplos de preguntas comentadas:

13. ¿Qué consecuencia directa puede tener una pulpitis irreversible no tratada?

a) Ulceración de la mucosa.
b) Calcificación de la pulpa.
c) Necrosis pulpar.
d) Halitosis persistente.

Respuesta correcta: c) Necrosis pulpar.

La inflamación persistente y progresiva compromete la vascularización de la pulpa. Si no se elimina el agente causal, se produce la muerte del tejido pulpar, lo que puede llevar a complicaciones como abscesos o lesiones periapicales.

14. ¿Cuál de las siguientes lesiones se origina habitualmente como consecuencia de una necrosis pulpar crónica?

a) Gingivitis ulcerosa.
b) Hiperplasia pulpar.

c) Granuloma periapical.

d) Quiste periapical.

Respuesta correcta: d) Quiste periapical.

El quiste periapical se forma por la degeneración de un granuloma apical. Es una respuesta inflamatoria crónica asociada a la necrosis pulpar que estimula los restos epiteliales de Malassez, produciendo una cavidad con contenido líquido o semisólido.

15. ¿Qué tipo de dolor está ausente en una necrosis pulpar completa?

a) Dolor pulsátil.

b) Dolor agudo espontáneo.

c) Dolor a estímulos térmicos.

d) Todos los anteriores.

Respuesta correcta: d) Todos los anteriores.

La necrosis pulpar conlleva la pérdida total de función nerviosa. Por tanto, el paciente no presenta dolor a estímulos térmicos ni dolor espontáneo, aunque pueden existir signos periapicales si la infección se propaga más allá del ápice.

Solución al test n.º 19

1. b) Encierro en un entorno inextensible.

2. b) Dolor espontáneo y persistente.

3. d) Ausencia de respuesta a pruebas de vitalidad.

4. d) Anaerobios estrictos.

5. c) Intenso, constante y pulsátil.

6. b) Tallado dentario sin refrigeración adecuada.

7. c) Pulpitis hiperplásica.

8. c) Sordo, persistente, desencadenado por frío.

9. d) Intoxicaciones por metales pesados.

10. d) Prueba térmica o eléctrica.

11. c) Sensibilidad aumentada a estímulos térmicos leves.

12. c) Molares jóvenes con cámara pulpar amplia.

13. c) Necrosis pulpar.

14. d) Quiste periapical.

15. d) Todos los anteriores.

Rayos X en la consulta odontológica: tipos de radiografías bucodentales. Normas de protección radiológica en la consulta de odontología. Protección radiológica del paciente y del operador en la consulta de odontología

1. ¿Qué debe utilizarse para minimizar la exposición del personal en radiología dental?

a) Película de baja sensibilidad.
b) Tiempo de exposición prolongado.
c) Collar tiroideo de plomo.
d) Tubo sin colimación.

2. ¿Cuál es la principal fuente de exposición a radiación para el personal en odontología?

a) La fuente de rayos X directa.
b) La radiación de fuga.
c) La radiación dispersa del paciente.
d) El suelo contaminado.

3. ¿Qué documento debe disponer obligatoriamente un centro odontológico con equipos de rayos X?

a) Manual de mantenimiento del edificio.
b) Protocolo de desinfección ambiental.
c) Programa de Protección Radiológica.
d) Informe económico anual.

4. ¿Cuál es la distancia mínima recomendada entre el operador y la fuente de radiación si no hay protección estructural?

a) 0,5 metros.
b) 1 metro.

c) 2 metros.
d) 10 metros.

5. ¿Qué personal debe estar sometido a vigilancia médica y dosimétrica?

a) Todo el personal sanitario.
b) Solo los odontólogos.
c) Trabajadores expuestos de categoría A.
d) Pacientes en tratamiento continuo.

6. ¿Qué material es más adecuado como protección estructural en salas de rayos X?

a) Vidrio.
b) Aluminio.
c) Plomo.
d) Acero inoxidable.

7. ¿Cuál es el objetivo del control dosimétrico en personal expuesto?

a) Evaluar el estado psicológico.
b) Controlar la asistencia al trabajo.
c) Medir la dosis de radiación recibida.
d) Verificar la productividad.

8. ¿Qué debe hacerse en caso de exposición accidental a una dosis elevada?

a) Continuar trabajando normalmente.
b) Cambiar de puesto sin informar.
c) Notificar al Servicio de Protección Radiológica.
d) Informar al paciente únicamente.

9. ¿Quién debe elaborar el informe de evaluación de riesgos radiológicos?

a) El jefe de personal.
b) El Servicio de Protección Radiológica.
c) El técnico de mantenimiento.
d) El odontólogo.

10. ¿Cuál de los siguientes elementos no es un equipo de protección individual en radiología?

a) Delantal plomado.
b) Gafas plomadas.
c) Mascarilla quirúrgica.
d) Protector tiroideo.

11. ¿Cuál es el límite anual de dosis efectiva para trabajadores expuestos?

a) 10 mSv.
b) 20 mSv.
c) 50 mSv.
d) 100 mSv.

12. ¿Qué debe hacerse con los equipos de rayos X al finalizar su vida útil?

a) Ser almacenados sin control.
b) Ser gestionados como residuos radiactivos si corresponde.
c) Ser vendidos libremente.
d) Desmontarlos sin protección.

En MADTEST tienes **más preguntas de este tema, comentadas y argumentadas**, y todos tus avances quedan registrados y se reflejan en el ranking.

¡Supera tus límites con MADTEST!

A continuación te presentamos algunos ejemplos de preguntas comentadas:

13. ¿Qué forma parte de una práctica segura al tomar una radiografía intraoral?

a) Sujetar la película con la mano del profesional.
b) Usar películas sin envoltura.
c) Utilizar posicionadores de película.
d) Mantenerse junto al paciente durante la exposición.

Respuesta correcta: c) Utilizar posicionadores de película.

Los posicionadores estabilizan el receptor, estandarizan la angulación y disminuyen repeticiones, lo que reduce dosis total. Además, evitan que el profesional introduzca la mano en el campo de radiación y minimizan la contaminación cruzada usando barreras desechables.

14. ¿Qué órgano es especialmente radiosensible durante procedimientos dentales?

a) Riñón.
b) Pulmón.

c) Tiroides.

d) Estómago.

Respuesta correcta: c) Tiroides.

La glándula tiroides presenta alta radiosensibilidad y se sitúa próxima al campo de irradiación en proyecciones intraorales. El uso de collar tiroideo plomado y colimación rectangular disminuye la dosis dispersa y el riesgo estocástico.

15. ¿Cuál es una práctica recomendada en salas de rayos X dentales para reducir exposición?

a) Realizar múltiples exposiciones por paciente.

b) Mantener el haz colimado y usar tiempos mínimos.

c) Utilizar solo revelado manual.

d) No utilizar protección estructural.

Respuesta correcta: b) Mantener el haz colimado y usar tiempos mínimos.

La colimación (preferentemente rectangular) limita el área irradiada y, junto con tiempos cortos y parámetros adecuados (kV/mA), reduce significativamente la dosis al paciente y al personal conforme al principio ALARA. Filtración añadida y sensores digitales contribuyen a optimizar la exposición.

Solución al test n.º 20

1. c) Collar tiroideo de plomo.

2. c) La radiación dispersa del paciente.

3. c) Programa de Protección Radiológica.

4. c) 2 metros.

5. c) Trabajadores expuestos de categoría A.

6. c) Plomo.

7. c) Medir la dosis de radiación recibida.

8. c) Notificar al Servicio de Protección Radiológica.

9. b) El Servicio de Protección Radiológica.

10. c) Mascarilla quirúrgica.

11. b) 20 mSv.

12. b) Ser gestionados como residuos radiactivos si corresponde.

13. c) Utilizar posicionadores de película.

14. c) Tiroides.

15. b) Mantener el haz colimado y usar tiempos mínimos.

TEST N.º 21

Material dental: mobiliario de la consulta dental. Instrumental de exodoncias e instrumental de obturación directa

1. ¿Cómo denominamos al equipo móvil o fijo que puede combinarse con un sillón dental y formar una sola pieza o constituir un equipo separado que consiste en todos los elementos necesarios para el examen y las operaciones dentales?

a) Sillón dental.
b) Unidad dental.
c) Sistema operatorio dental.
d) Sistema de movilidad dental.

2. ¿Dónde se localizan realmente turbina, contra-ángulo, pieza de mano, la jeringa de triple función y otros accesorios?

a) En el sillón dental.
b) En la unidad dental.
c) En el sistema operatorio dental.
d) En el sistema de aspiración dental.

3. ¿Dónde se localizan todas las estructuras necesarias para el funcionamiento del sillón de la consulta dental?

a) En el respaldar.
b) En la base.
c) En el posabrazo derecho del sillón.
d) En el posabrazo izquierdo del sillón.

4. ¿Cada cuánto tiempo deben desinfectarse los filtros que tienen que tener la escupidera o salivadera?

a) Cada vez que se utilice.
b) Cada día.
c) Cada semana.
d) Cada mes.

5. ¿Dónde se sitúan los apéndices donde va colocada o incorporada la lámpara de luz halógena?

a) En el respaldo del sillón.
b) En la unidad dental.
c) En el cabezal articulado del sillón.
d) En la base del sillón.

6. ¿Qué afirmación del sillón dental es incorrecta?

a) Es el asiento donde se colocará el usuario para que se le realicen las actuaciones odontológicas.
b) Posee un cabezal, un respaldo, la zona de asiento y el reposapiés.
c) Debe ser de material fácilmente lavable y desinfectable.
d) Tanto el reposapiés como el cabezal no deben cubrirse con fundas de plástico, que prorrogan la permanencia de gérmenes en el sillón dental.

7. ¿Dónde se emplea la telerradiografía?

a) En endodoncia.
b) En eudoncia.
c) En periodoncia.
d) En ortodoncia.

8. ¿Qué técnica radiológica no ionizante se emplea en trastornos de ATM?

a) Panorex.
b) Telerradiografía.
c) RM.
d) Dentascan.

9. ¿Cómo se denomina la pantalla luminosa que sirve para poder visualizar las radiografías?

a) *Spray air-flow*.
b) Lámpara polimerizadora.
c) Negatoscopio.
d) Escáner.

10. ¿Qué equipo es el de la imagen 1?

a) Negatoscopio.
b) Baño de ultrasonido.
c) Esterilizador de bolas.
d) Termoselladora.

Imagen 1

11. ¿Qué utensilios se usan para separar el mercurio excedente que proviene de la mezcla de metales para empastado?

a) Vibrador de amalgama.
b) Lámpara polimerizadora.
c) Decantador de amalgama.
d) Mercuriante.

12. ¿De qué colores se recomienda que sean los armarios o módulos de almacenaje del material e instrumental dental?

a) Verdes o azulados.
b) Blancos o claros.
c) Sólidos o grisáceos.
d) Oscuros o negros.

En MADTEST tienes **más preguntas de este tema, comentadas y argumentadas**, y todos tus avances quedan registrados y se reflejan en el ranking.

¡Supera tus límites con MADTEST!

A continuación te presentamos algunos ejemplos de preguntas comentadas:

13. ¿Qué propiedad adquieren los materiales magnéticos que en presencia de un campo magnético cambian de forma y vibran?

a) Piezoelectricidad.
b) Inducción.
c) Piezoelectricidad inversa.
d) Magnetostricción.

Respuesta correcta: d) Magnetostricción.

La magnetostricción es la propiedad de ciertos materiales ferromagnéticos, como el níquel o el hierro, de modificar su forma o dimensiones cuando se someten a un campo magnético. Este principio se utiliza en los instrumentos ultrasónicos magnetostrictivos, donde la vibración generada produce movimiento mecánico de alta frecuencia, útil en odontología para la eliminación de cálculo dental y biofilm subgingival.

14. ¿Cuál de los siguientes instrumentos son condensadores de amalgamas?

a) Atacadores.
b) Fresas de amalgamas.
c) Recortadores.
d) Bruñidores.

Respuesta correcta: a) Atacadores.

Los atacadores o condensadores son instrumentos metálicos que permiten compactar la amalgama dentro de la cavidad preparada. Su función es eliminar los espacios vacíos entre las partículas y entre el material y las paredes cavitarias, aumentando la densidad y el sellado marginal de la restauración.

15. ¿Qué afirmación es incorrecta?

a) Cuando un objeto está esterilizado se dice que es aséptico.
b) Antes de proceder a esterilizar el material séptico o contaminado este debe ser sometido a procedimientos de limpieza para que los medios de esterilización puedan actuar correctamente.
c) En la desinfección se eliminan todos los gérmenes patógenos y no patógenos, excepto esporas.
d) Cuando se ha sometido el objeto a la esterilización se eliminan los microorganismos patógenos y además los saprofitos o no patógenos.

Respuesta correcta: c) En la desinfección se eliminan todos los gérmenes patógenos y no patógenos, excepto esporas.

La afirmación es incorrecta porque la desinfección no elimina todos los microorganismos, sino que reduce la carga microbiana hasta niveles seguros, eliminando principalmente los patógenos, pero no necesariamente todos los no patógenos ni las esporas bacterianas. Solo la esterilización destruye por completo todas las formas de vida microbiana, incluidas las esporas.

Solución al test n.º 21

1. b) Unidad dental.

2. b) En la unidad dental.

3. b) En la base.

4. b) Cada día.

5. b) En la unidad dental.

6. d) Tanto el reposapiés como el cabezal no deben cubrirse con fundas de plástico, que prorrogan la permanencia de gérmenes en el sillón dental.

7. d) En ortodoncia.

8. c) RM.

9. c) Negatoscopio.

10. d) Termoselladora.

11. c) Decantador de amalgama.

12. b) Blancos o claros.

13. d) Magnetostricción.

14. a) Atacadores.

15. c) En la desinfección se eliminan todos los gérmenes patógenos y no patógenos, excepto esporas.

TEST N.º 22

Técnica de limpieza y pulidos dentarios supragingivales

1. ¿Qué término es sinónimo de detartraje?

a) Curetaje.
b) Raspaje.
c) Tartrectomía.
d) Pulido dental.

2. ¿Para qué se utiliza el pulidor manual?

a) Par el raspaje gingival.
b) Para el alisado radicular.
c) Para el curetaje radicular.
d) Para el pulido de manchas dentales.

3. ¿Con qué procedimiento se inicia habitualmente la limpieza de las superficies dentales?

a) Con la tartrectomía supragingival.
b) Con el pulido de las coronas clínicas mediante una copa de goma y pastas de grano decreciente.
c) Con el alisado radicular.
d) Con la tartrectomía subgingival.

4. ¿De qué material son las tiras de papel empleadas para pulir superficies dentales?

a) Polivinilo.
b) Acetato.
c) Dextrano.
d) Almidón.

5. ¿Dónde se aplican esencialmente a nivel oral para el pulido los portapulidores?

a) Caras vestibulares.
b) Zona subgingival.

c) Caras linguales.
d) Zonas interproximales.

6. ¿Cuál de estos elementos se utilizan en el pulido mecánico?

a) Pieza de mano.
b) Pasta abrasivsa.
c) Copas de goma.
d) Todos los anteriores.

7. ¿Cuál de las siguientes es una acción correcta durante el pulido mecánico de los dientes?

a) El agente abrasivo hay que utilizarlo con una presión intermitente moderada, independientemente de que se utilice una copa de goma o un cepillo.
b) La torsión entre la pieza de mano y el ángulo de profilaxis no es importante.
c) La presión que hay que aplicar al agente abrasivo durante su uso debe ser siempre la misma y fuerte.
d) Los cepillos se pueden utilizar en cualquier cara de la pieza dental.

8. ¿Qué factores de los que siguen a continuación es importante tener en cuenta a la hora de realizar el pulido mecánico?

a) La cantidad de abrasivo utilizado.
b) La aplicación del abrasivo sobre la superficie dental.
c) La presión con la que hay que aplicar el abrasivo.
d) Hay que tener en cuenta todos los anteriores.

9. ¿Qué método de pulido dentario es el Dentsply-Cavitron Prophy-Jet?

a) Es un método de pulido manual.
b) Es un método de pulido mecánico.
c) Es un método de pulido aire-polvo.
d) Es un método de blanqueamiento dental.

10. ¿Para qué es efectivo el pulidor aire-polvo?

a) Para eliminar placa y manchas de la concavidad radicular y de la furca.
b) Para realizar restauraciones de composite.
c) Para realizar restauraciones de amalgama de plata.
d) Para realizar tratamientos endodóncicos.

11. ¿Qué modalidad de pH de sangre se alcanza al emplear un pulidor aire-polvo?

a) Fuertemente alcalino.
b) Ligeramente alcalino.

c) Ligeramente ácido.
d) Neutro.

12. ¿Qué tiempo tarda en normalizarse el pH sanguíneo de un usuario sano, sobre el que ha empleado un pulidor aire-polvo?

a) 1 o 2 días.
b) De 3 a 5 días.
c) Una semana.
d) Un mes.

En MADTEST tienes **más preguntas de este tema, comentadas y argumentadas**, y todos tus avances quedan registrados y se reflejan en el ranking.

¡Supera tus límites con MADTEST!

A continuación te presentamos algunos ejemplos de preguntas comentadas:

13. ¿En qué personas es problemático emplear un pulidor aire-polvo?

a) En individuos que abusan del consumo de diuréticos.
b) En individuos que padecen de diarrea crónica.
c) En individuos que abusan del consumo de laxantes.
d) Es problemático en todos casos anteriormente nombrados.

Respuesta correcta: d) Es problemático en todos casos anteriormente nombrados.

El pulidor aire-polvo es un problema potencial en personas con diarrea crónica o que abusan del consumo de laxantes o de diuréticos.

14. ¿Qué es fundamental realizar tras una tartrectomía y un raspaje y alisado dentario?

a) Un pulido de la corona.
b) Un pulido de la raíz.
c) Un pulido tanto de la corona como de la raíz.
d) Un curetaje de raíz y alveolo dentario.

Respuesta correcta: c) Un pulido tanto de la corona como de la raíz.

Tras una tartrectomía y un raspaje y alisado dentario es fundamental realizar un pulido de la superficie dentaria, tanto de la corona como de la raíz.

15. ¿Qué presión aérea ejerce el Dentsply-Cavitron Prophy-Jet (expresada en kg/cm²)?

a) 3,5 a 7.
b) 7,5 a 15.
c) 10 a 20.
d) 15 a 30.

Respuesta correcta: a) 3,5 a 7.

El instrumento Dentsply-Cavitron Prophy-Jet ejerce una presión aérea de 3,5 a 7 kg/cm² y una presión de agua de 10 a 0,7-3,5 kg/cm².

Solución al test n.º 22

1. c) Tartrectomía.

2. d) Para el pulido de manchas dentales.

3. a) Con la tartrectomía supragingival.

4. b) Acetato.

5. d) Zonas interproximales.

6. d) Todos los anteriores.

7. a) El agente abrasivo hay que utilizarlo con una presión intermitente moderada, independientemente de que se utilice una copa de goma o un cepillo.

8. d) Hay que tener en cuenta todos los anteriores (ver apartado 3.1.).

9. c) Es un método de pulido aire-polvo (ver apartado 3.2.).

10. a) Para eliminar placa y manchas de la concavidad radicular y de la furca.

11. b) Ligeramente alcalino.

12. a) 1 o 2 días.

13. d) Es problemático en todos casos anteriormente nombrados.

14. c) Un pulido tanto de la corona como de la raíz.

15. a) 3,5 a 7.

TEST N.º 23

Higiene bucodental e interdental definición y utilización: cepillado dental, dentífricos y control químico de placa

1. ¿Cuál se considera que es el primer paso en la higiene bucodental para eliminar la placa y los restos alimentarios de la superficie de los dientes?

a) El uso de colutorio.
b) Una adecuada fluoración tópica y sistémica.
c) El cepillado dental.
d) La higiene dental mediante el empleo del hilo dental.

2. ¿Qué estructura o proceso no interviene en el organismo de forma natural en la eliminación mecánica de la placa bacteriana?

a) La acción muscular de la lengua.
b) La presencia de la saliva.
c) La acción muscular de los labios.
d) El movimiento de los dientes.

3. ¿Qué técnica no incluye los métodos de remoción de la placa bacteriana?

a) Higiene interproximal.
b) Cepillado.
c) Antisépticos.
d) Son correctas las respuestas a) y b).

4. La higiene interproximal se basa en el empleo de todo lo que se expone, excepto:

a) Cinta dental.
b) Cepillos interproximales.
c) Cepillo eléctrico.
d) Estimuladores de encías.

5. ¿Qué método o técnica de remoción de la placa bacteriana es considerada auxiliar de la misma?

a) Pastillas reveladoras.
b) Estimuladores de encías.
c) Cepillado mecánico.
d) Anestésicos locales.

6. ¿Qué requisito no es cierto del cepillo dental?

a) Se fabrica con cerdas sintéticas o de nylon.
b) Las cerdas deben poseer diferentes longitudes, para llegar a todas las partes del diente.
c) Las cerdas deben tener la punta redondeada o fusiforme, para evitar daño a tejidos gingivales.
d) Las cerdas deben estar alineadas en varias hileras, agrupadas en penachos y dispuestas en un cabezal pequeño para el fácil acceso a todas las zonas de la boca.

7. ¿Para qué individuos están indicados los cepillos dentales de cabeza pequeña, recta, plana y filamentos suaves?

a) Para portadores de prótesis removibles.
b) Para pacientes con grandes apiñamientos y/o enfermedad periodontal.
c) Para niños menores de 2 años.
d) Para niños mayores de 8 años.

8. ¿Qué características de las que se nombran a continuación no se incluyen entre las principales de un cepillo dental?

a) Mango recto.
b) Filamentos duros y asimétricos.
c) Cabeza pequeña.
d) Extremos redondeados.

9. ¿Qué diámetro tienen que poseer respecto al gradiente de resistencia de los filamentos, los cepillos duros?

a) 0,17 mm.
b) > 0,35 mm.
c) 0,30 mm.
d) Ninguna de las respuestas anteriores es correcta.

10. ¿Para qué usuarios están indicados los cepillos dentales con filamentos extrasuaves?

a) Para portadores de prótesis removibles.
b) Para niños mayores de 8 años.
c) Para portadores de ortodoncia fija.
d) Para procedimientos quirúrgicos.

11. ¿Cada cuánto tiempo aproximadamente es aconsejable cambiar de cepillo dental, debido al desgaste?

a) Cada mes a mes y medio.
b) Cada tres meses a seis meses.
c) Cada año o año y medio.
d) Cada dos años.

12. ¿Cuántas hileras poseerán los cepillos que se emplean en enfermos perio-dontales?

a) 2 a 3 hileras.
b) 4 a 6 hileras.
c) 5 a 8 hileras.
d) 8 a 10 hileras.

En MADTEST tienes **más preguntas de este tema, comentadas y argumentadas**, y todos tus avances quedan registrados y se reflejan en el ranking.

¡Supera tus límites con MADTEST!

A continuación te presentamos algunos ejemplos de preguntas comentadas:

13. ¿Qué cepillos dentales se caracterizan por presentar dos hileras en alturas diferentes y suaves?

a) Los cepillos empleados en infancia.
b) Los cepillos empleados en ortodoncia fija.
c) Los cepillos empleados en periodoncia.
d) Los cepillos empleados en endodoncia.

Respuesta correcta: b) Los cepillos empleados en ortodoncia fija.

Los portadores de ortodoncia fija deben emplear cepillos con los filamentos dispuestos en dos alturas diferentes y suaves. En los cuales la hilera central es más corta para que, de este modo, se puedan limpiar mejor los brackets y se estropee menos el cepillo.

14. ¿Cuál de las siguientes técnicas de cepillado se basa en movimientos verticales o de barrido?

a) Técnica de Starkey.
b) Técnica de Bass.

c) Técnica de Leonard.
d) Técnica de Charters.

Respuesta correcta: c) Técnica de Leonard.

La técnica de Leonard emplea un cepillado de barrido o vertical, ya que se realizan movimientos verticales desde la encía a la corona dentaria.

15. La técnica del zapatero es la técnica:

a) De Starkey.
b) Horizontal.
c) Vertical.
d) De Bass.

Respuesta correcta: b) Horizontal.

A la técnica de cepillado horizontal se le denomina también técnica del "zapatero".

Solución al test n.º 23

1. c) El cepillado dental.

2. d) El movimiento de los dientes.

3. c) Antisépticos.

4. c) Cepillo eléctrico.

5. a) Pastillas reveladoras.

6. b) Las cerdas deben poseer diferentes longitudes, para llegar a todas las partes del diente.

7. b) Para pacientes con grandes apiñamientos y/o enfermedad periodontal.

8. b) Filamentos duros y asimétricos.

9. b) > 0,35 mm.

10. d) Para procedimientos quirúrgicos.

11. b) Cada tres meses a seis meses.

12. a) 2 a 3 hileras.

13. b) Los cepillos empleados en ortodoncia fija.

14. c) Técnica de Leonard.

15. b) Horizontal.

TEST N.º 24

Fluorados: Definición, toxicidad, mecanismos de acción y utilización adecuada del flúor

1. ¿Cuál es el mejor medio preventivo de tratar la caries?

a) Buen cepillado.
b) Empleo de colutorios.
c) Empleo de flúor.
d) Uso de hilo dental.

2. ¿En qué país se observó e investigó por primera vez la fluorosis dental por el aspecto manchado de los dientes (manchas marrones, color café)?

a) En Italia.
b) En Alemania.
c) En Estados Unidos.
d) En España.

3. ¿Por qué vía se administra el flúor sistémico?

a) Se aplica por vía parenteral.
b) Se aplica por vía intramuscular.
c) Se aplica por vía oral.
d) Se aplica por vía respiratoria.

4. ¿Qué sustancias de estas enlentece la absorción de flúor?

a) Aminoácidos.
b) Magnesio.
c) Hierro.
d) Todas las anteriores.

5. ¿En qué fluidos corporales las concentraciones de flúor son poco importantes, a pesar de que se ingieran compuestos fluorados?

a) Leche materna.
b) Heces.
c) Orina.
d) Sudor.

6. ¿Cuál es la vía de eliminación mayor de fluoruros de nuestro organismo?

a) La orina (renal).
b) El sudor.
c) La respiratoria.
d) La digestiva/hepática (heces).

7. ¿Cuál es la dosis mínima tóxica de flúor por intoxicación aguda (en mg/kg)?

a) A partir de 3,5.
b) A partir de 5.
c) A partir de 12,5.
d) A partir de 22.

8. ¿Cómo se manifiesta la fluorosis en el esqueleto?

a) Hipomineralización de los huesos, con zonas de osteoporosis, geodas y formación de exóstosis.
b) Hipermineralización de los huesos, formación de geodas y calcificación de los ligamentos.
c) Hipomineralización de los huesos, formación de exóstosis y calcificación de los ligamentos.
d) Hipermineralización de los huesos, formación de exóstosis y calcificación de los ligamentos.

9. ¿Qué zona del diente se afecta más en la fluorosis dental?

a) Esmalte de la corona.
b) Cemento de la raíz.
c) Dentina de la corona.
d) Dentina de la raíz.

10. ¿Qué célula se cree afectada en la fluorosis dental?

a) Ameloclasto.
b) Condrocito.

c) Ameloblasto.
d) Célula osteógena.

11. ¿Cuál es el procedimiento más sencillo, práctico, eficaz, y conveniente para promover la reducción de la incidencia de caries dental en grandes grupos de población?

a) Fluoración de aguas de abastecimiento público.
b) Suplementos farmacológicos.
c) Colutorios fluorados.
d) Alimentos fluorados.

12. ¿Cuáles deben ser las concentraciones óptimas de flúor (en ppm), en el agua potable que se ha fluorado?

a) 0,01- 0,5 ppm.
b) 0,7- 1,2 ppm.
c) 1,5- 2 ppm.
d) 2,7- 3,2 ppm.

En MADTEST tienes **más preguntas de este tema, comentadas y argumentadas,** y todos tus avances quedan registrados y se reflejan en el ranking.

¡Supera tus límites con MADTEST!

A continuación te presentamos algunos ejemplos de preguntas comentadas:

13. ¿Qué zona del diente se protege más contra la caries con la fluoración de las aguas?

a) Las superficies interproximales.
b) Las superficies lisas vestibulares.
c) Los surcos y fisuras dentales.
d) Se protege todo por igual, de forma homogénea.

Respuesta correcta: b) Las superficies lisas vestibulares.

La eficacia de la fluoración del agua ha quedado demostrado en múltiples estudios, pero no es uniforme para la superficie del diente, siendo la reducción del 86 % en las superficies lisas vestibulares, del 75 % en las superficies interproximales y del 30 % en los surcos y fisuras.

14. ¿Cuál es el compuesto más habitual que se emplea como suplemento farma-cológico de flúor sistémico?

a) Fluoruro de sodio.
b) Hexafluorosilicato.
c) Ácido hexafluorsilícico.
d) Hipofluorito potásico.

Respuesta correcta: a) Fluoruro de sodio.

La preparación utilizada como suplemento farmacológico de flúor sistémico es el fluoruro sódico que se administra en función de la edad del niño y la concentración de flúor en ppm en el agua de consumo.

15. ¿Cuál, aproximadamente, ha sido la reducción de caries con el empleo de alimentos fluorados (sal de mesa)?

a) 10- 20 %.
b) 20- 30 %.
c) 35- 50 %.
d) 55- 80 %.

Respuesta correcta: c) 35- 50 %.

Las reducciones de caries observadas con el empleo de alimentos fluorados (sal de mesa) oscilan entre el 35 %-50 %. El inconveniente es que con la ingesta de sal podemos favorecer la hipertensión arterial.

Solución al test n.º 24

1. c) Empleo de flúor.

2. c) En Estados Unidos.

3. c) Se aplica por vía oral.

4. b) Magnesio.

5. a) Leche materna.

6. a) La orina (renal).

7. b) A partir de 5.

8. d) Hipermineralización de los huesos, formación de exóstosis y calcificación de los ligamentos.

9. a) Esmalte de la corona.

10. c) Ameloblasto.

11. a) Fluoración de aguas de abastecimiento público.

12. b) 0,7- 1,2.

13. b) Las superficies lisas vestibulares.

14. a) Fluoruro de sodio.

15. c) 35- 50 %.

TEST N.º 25

Antisépticos orales: Tipos, uso e indicaciones. Clorhexidina, Triclosán, sanguinaria, hexitidina, Fluoruros y aceites esenciales

1. ¿Mediante qué procedimiento se lleva a cabo el control químico de la placa bacteriana?

a) Mediante el cepillado dental.
b) Mediante el empleo de los antisépticos orales.
c) Mediante el empleo del hilo dental.
d) Mediante el empleo exclusivamente de flúor.

2. ¿Qué es un antiséptico oral?

a) Una sustancia química con efecto microbiano.
b) Una sustancia química con efecto antimicrobiano o germicida.
c) Es un desinfectante potente.
d) No es una sustancia química.

3. ¿Con qué característica de los antisépticos orales tiene que ver el concepto de concentración mínima que erradica las biopelículas?

a) Con la seguridad.
b) Con la especificidad.
c) Con la estabilidad.
d) Con la eficacia.

4. ¿Cuál es la característica principal que debe poseer un antiséptico oral para que este sea efectivo?

a) La sustantividad (adhesión, duración de retención y actividad antimicrobiana).
b) Actividad antimicrobiana.
c) Adhesión.
d) Duración de retención.

5. ¿Qué otro vocablo es sinónimo del término potencia de un antiséptico oral?

a) Sustantividad.
b) Especificidad.
c) Seguridad.
d) Eficacia.

6. En relación con las generaciones en las que se clasifican los agentes químicos, señala a qué generación pertenece la sanguinaria:

a) Agentes de segunda generación.
b) Agentes de tercera generación.
c) Agentes de primera generación.
d) Ninguna de las respuestas anteriores es correcta.

7. El fluoruro estagnoso o estañoso pertenece a los agentes químicos de la siguiente generación:

a) Tercera.
b) Primera.
c) Segunda.
d) Ninguna de las respuestas anteriores es correcta.

8. ¿En qué grupo o generación de agentes químicos se encuadran aquellos que tienen un efecto selectivo sobre bacterias muy concretas?

a) Primera generación.
b) Tercera generación.
c) Cuarta generación.
d) Ninguna de las respuestas anteriores es correcta.

9. ¿Cuál es la sustancia más eficaz como agente antiplaca debido a su alta sustantividad?

a) Clorhexidina.
b) Fluoruros.
c) Hexetidina.
d) Aceites esenciales.

10. ¿Cuál de las siguientes cuestiones es verdadera?

a) El triclosán solo es un potente antifúngico.
b) La clorhexidina es fungiestática y fungicida.
c) La sanguinaria no se utiliza como fungicida.
d) Ninguna es correcta.

11. ¿Qué efecto de la clorhexidina es aquel que se da a bajas concentraciones cuando esta se une fuertemente a la membrana celular, produciendo un aumento de la permeabilidad, con filtración de los componentes intracelulares incluido el potasio?

a) Efecto rebote.
b) Efecto fungicida.
c) Efecto bactericida.
d) Efecto bacteriostático.

12. El espectro de actividad antimicrobiana de la clorhexidina incluye todos los que se exponen, excepto:

a) Hongos.
b) Bacterias Gram positivas.
c) Levaduras.
d) Virus.

En MADTEST tienes **más preguntas de este tema, comentadas y argumentadas**, y todos tus avances quedan registrados y se reflejan en el ranking.

¡Supera tus límites con MADTEST!

A continuación te presentamos algunos ejemplos de preguntas comentadas:

13. ¿Cuáles son los efectos adversos de la clorhexidina por uso a largo plazo?

a) Manchas o tinciones dentales o/y alteraciones transitorias del gusto.
b) Inflamación de la encía.
c) Pérdida de esmalte en piezas dentarias.
d) No produce ningún efecto secundario.

Respuesta correcta: a) Manchas o tinciones dentales o/y alteraciones transitorias del gusto.

La clorhexidina utilizada en largos períodos de tiempo ocasiona tinción que puede afectar a dientes, lengua y restauraciones estéticas. Asimismo, el consumo de alimentos o bebidas ricas en taninos favorece esta tinción.

14. ¿Cuál es el tiempo de actuación del triclosán?

a) 14 horas.
b) 11 horas.

c) 9 horas.
d) 6 horas.

Respuesta correcta: a) 14 horas.

El triclosán es un compuesto derivado fenólico que posee acción antiinflamatoria, es un antibacteriano, de sustantividad elevada, que actúa durante un tiempo de 14 horas.

15. ¿Cuál es la ventaja o desventaja del triclosán frente a la clorhexidina?

a) El triclosán posee menos efectos secundarios que la clorhexidina.
b) El triclosán no es antibacteriano.
c) El triclosán no posee efectos secundarios.
d) El triclosán es de sustantividad baja.

Respuesta correcta: c) El triclosán no posee efectos secundarios.

El triclosán presenta la ventaja frente a la clorhexidina de que no posee efectos secundarios, y que puede ser usado diariamente, ya que no se han descrito resistencias.

Solución al test n.º 25

1. b) Mediante el empleo de los antisépticos orales.

2. b) Una sustancia química con efecto antimicrobiano o germicida.

3. d) Con la eficacia.

4. a) La sustantividad (adhesión, duración de retención y actividad antimicrobiana).

5. d) Eficacia.

6. c) Agentes de primera generación.

7. c) Segunda.

8. b) Tercera generación.

9. a) Clorhexidina.

10. b) La clorhexidina es fungiestática y fungicida.

11. d) Efecto bacteriostático.

12. d) Virus.

13. a) Manchas o tinciones dentales o/y alteraciones transitorias del gusto.

14. a) 14 horas.

15. c) El triclosán no posee efectos secundarios.

TEST N.º 26

Selladores de fosas y fisuras: Definición, composición de los materiales usados y metodología. (Técnica de sellación de fosas y fisuras y tipos de pacientes a los que se recomienda el sellado

1. ¿Para qué sirve el sellado de fisuras?

a) Para eliminar las caries dentales.
b) Es un proceso de blanqueamiento dental.
c) Es un procedimiento preventivo contra la formación de caries dentales.
d) Todo lo anterior es cierto.

2. ¿Dónde se recomienda dar prioridad al uso de sellantes de fosas y fisuras?

a) En los cuatro primeros molares permanentes.
b) En los molares de la dentición temporal.
c) En los premolares permanentes.
d) En los caninos de la dentición temporal.

3. ¿A qué tipo de procedimiento pertenece la aplicación de selladores de fosas y fisuras?

a) Procedimiento preventivo.
b) Procedimiento paliativo.
c) Procedimiento anticaries.
d) Procedimiento de salud bucodental.

4. ¿Combinando con qué sustancia mejoraría la técnica de sellado de fisuras y fosas?

a) Con bicarbonato cálcico.
b) Con bicarbonato sódico.
c) Con flúor.
d) Con zinc.

5. ¿Cómo pueden ser los materiales de los sellantes, si se clasifican atendiendo a su resistencia?

a) Con relleno inorgánico.
b) Sin relleno.
c) Con relleno inorgánico y sin relleno.
d) Selladores con relleno orgánico.

6. ¿Cómo se denomina el material sellador que necesita de la aplicación de luz visible para su polimerización?

a) Composite.
b) Resina.
c) Fotopolimerizable.
d) Abrasivos.

7. ¿Qué constituyen los selladores sin relleno?

a) Resinas líquidas.
b) Resinas rígidas.
c) Materiales fotosensibles.
d) Todas son correctas.

8. ¿Qué ventaja tiene el material transparente en el sellado de fisuras?

a) Que suele ser blancos.
b) Consigue mejorar la resistencia de la abrasión.
c) Que no enmascara el diente, permitiendo ver la aparición de caries.
d) Todas son correctas.

9. ¿Qué propiedad no poseen los selladores resinosos?

a) Penetran peor que otros sellantes en las fosas y fisuras.
b) Poseen buena resistencia al desgaste.
c) Existen de resina convencional con y sin liberación de flúor.
d) Buena adhesión y viscosidad.

10. ¿Qué debemos realizar antes de empezar con el método o técnica del sellado?

a) Una serie de marcas en la pieza dental para que se fije mejor el sellado.
b) Una buena limpieza de la pieza dental.
c) No es necesario realizar nada antes de iniciar el método de sellado.
d) Un aislamiento para conseguir una buena adhesión del sellador y que no se caiga.

11. ¿Cuál suele ser el primer paso en la técnica del sellado y el más idóneo o efectivo?

a) Fresado de la zona careada.
b) Aislamiento relativo.
c) Rellenado de la fosa o fisura.
d) Aislamiento absoluto.

12. ¿Qué afirmación sobre el aislamiento relativo es falsa?

a) La colocación de los rollos de algodón en el maxilar superior se realiza por vestibular.
b) La colocación de los rollos de algodón en el maxilar inferior se realiza uno por vestibular y otro por lingual.
c) Los rollos de algodón se usan sin necesidad del sistema de aspiración de cánulas desechables.
d) Los rollos de algodón hay que mojarlos previamente con la jeringa de triple.

En MADTEST tienes **más preguntas de este tema, comentadas y argumentadas**, y todos tus avances quedan registrados y se reflejan en el ranking.

¡Supera tus límites con MADTEST!

A continuación te presentamos algunos ejemplos de preguntas comentadas:

13. ¿Qué afirmación sobre el aislamiento absoluto es falsa?

a) Protege al paciente de la deglución y aspiración de materiales.
b) Evita la isquemia sobre la encía.
c) Ofrece un campo de trabajo aséptico y seco.
d) Retrae los tejidos blandos, protegiéndolos.

Respuesta correcta: b) Evita la isquemia sobre la encía.

Ofrece un campo de trabajo aséptico y seco, protegiendo al paciente de la deglución y aspiración de materiales. La tensión que el dique de goma ejerce sobre la encía origina isquemia en dicha zona y disminuye el sangrado; y retrae los tejidos blandos, protegiéndolos.

14. ¿Mediante qué útil o herramienta se logra el anclaje del dique de goma en el aislamiento absoluto?

a) Se logra por medio de bombeador de dique FP2A.
b) Se logra por medio de clamps.

c) Se logra por medio de tampón.

d) Se logra por medio de seda dental.

Respuesta correcta: b) Se logra por medio de clamps.

El anclaje del dique de goma se logra por medio de grapas o clamps que se sujetan de la porción cervical de los órganos dentarios; estas se presentan en gran variedad de tamaños y formas. Constan de dos agarraderas con cuatro prolongaciones, un arco, picos y opcionalmente aletas.

15. ¿Cuál es el código del clamp o grapa universal utilizada en aislamiento absoluto de molares?

a) 2 y 2A.

b) 7, 8 y 8A.

c) W8A.

d) 212.

Respuesta correcta: c) W8A.

Las grapas o clamps suelen ser metálicas, aunque se pueden encontrar de plástico. Existen distintos tipos (se identifican mediante código), pero el código de la universal o todoterreno es la W8A.

Solución al test n.º 26

1. c) Es un procedimiento preventivo contra la formación de caries dentales.

2. a) En los cuatro primeros molares permanentes.

3. a) Procedimiento preventivo.

4. c) Con flúor.

5. c) Con relleno inorgánico y sin relleno.

6. c) Fotopolimerizable.

7. a) Resinas líquidas.

8. c) Que no enmascara el diente, permitiendo ver la aparición de caries.

9. a) Penetran peor que otros sellantes en las fosas y fisuras.

10. d) Un aislamiento para conseguir una buena adhesión del sellador y que no se caiga.

11. d) Aislamiento absoluto.

12. c) Los rollos de algodón se usan sin necesidad del sistema de aspiración de cánulas desechables.

13. b) Evita la isquemia sobre la encía.

14. b) Se logra por medio de clamps.

15. c) W8A.

TEST N.º 27

Tartrectomía y curetaje

1. ¿Cuál es siempre la localización del sarro que se elimina mediante tartrectomía?

a) Subgingival.
b) Intragingival.
c) Supragingival.
d) Intratecal.

2. ¿Qué afirmación es correcta?

a) El raspado permite eliminar la placa y el tártaro de las superficies dentarias subgingivales exclusivamente.
b) El alisado radicular es el proceso a través del cual se elimina el sarro residual que se encuentra enclavado y las porciones de cemento de las raíces.
c) El término tartrectomía se refiere al procedimiento de remoción de los depósitos de cálculo subgingival.
d) Las respuestas b) y c) son correctas.

3. ¿Qué es el curetaje en periodoncia?

a) El curetaje es el raspado del cemento.
b) El curetaje es la eliminación dura de la bolsa.
c) El curetaje es la eliminación blanda de la bolsa.
d) Nada de lo anterior es cierto.

4. ¿Qué es necesario efectuar antes para poder realizar el curetaje?

a) Una limpieza dental.
b) Una fluoración.
c) Una desinfección y antisepsia local con clorhexidina.
d) Una tartrectomía.

5. ¿Qué material o instrumento de los que se nombran está activado mecánicamente?

a) Hoz.
b) Raspadores.
c) Azadas.
d) Sistema EVA.

6. ¿Qué útil de los que se nombran, Trabaja por tracción y suele utilizarse para eliminar grandes escalones de cálculo en zonas accesibles?

a) Hoz.
b) Cureta universal.
c) Azada.
d) Lima periodontal.

7. ¿Qué instrumento se emplea para la remoción del cálculo supragingival grueso o moderado en sector anterior?

a) Hoces.
b) Azada.
c) Cureta.
d) Limas periodontales.

8. ¿Para qué se suelen utilizar las puntas tipo legra en los ultrasonidos en la eliminación del cálculo?

a) Para los acúmulos ligeros.
b) Para los depósitos gruesos.
c) Para eliminar las manchas de tabaco.
d) Para eliminar el cálculo de los incisivos inferiores.

9. ¿Qué punta se empleará en la técnica ultrasónica para acúmulos pequeños y con movimientos cruzados diagonales y alisado radicular?

a) Punta de azada.
b) Punta de cola de castor.
c) Punta tipo legra.
d) Punta de tipo sonda periodontal.

10. ¿Para qué se utiliza el Sistema EVA?

a) Para remodelar las obturaciones desbordantes.
b) Para eliminar cálculos.
c) Para eliminar manchas.
d) Las respuestas b) y c) son correctas.

11. ¿Qué tinciones puede eliminar el spray de bicarbonato?

a) En algunos casos las extrínsecas, siempre que sea cálculo teñido.
b) Las manchas extrínsecas del diente.
c) No elimina manchas, solo cálculo.
d) Las manchas intrínsecas del diente.

12. ¿Qué instrumentos de estos no se emplea para pulir superficies dentales?

a) Copas de goma.
b) Cepillos.
c) Azadas.
d) Tiras de papel.

En MADTEST tienes **más preguntas de este tema, comentadas y argumentadas**, y todos tus avances quedan registrados y se reflejan en el ranking.

¡Supera tus límites con MADTEST!

A continuación te presentamos algunos ejemplos de preguntas comentadas:

13. La cureta "Gracey" para el raspado de piezas posteriores zona distal, es:

a) 13/14.
b) 15/16.
c) 17/18.
d) Ninguna es correcta.

Respuesta correcta: a) 13/14.

La cureta Gracey 13/14, se utiliza para el raspado y alisado radicular de las caras distales de los molares superiores e inferiores. Es una cureta con doble angulación, para trabajar en caras distales de dientes posteriores.

14. ¿Qué instrumento trabaja por presión y es utilizado para desalojar el cálculo de los espacios interproximales y caras linguales de los dientes anteroinferiores?

a) Azada.
b) Cincel.
c) Cureta.
d) Hoz.

Respuesta correcta: b) Cincel.

El cincel trabaja por presión y es utilizado para desalojar el cálculo de los espacios interproximales y caras linguales de los dientes anteroinferiores; presenta una sola hoja y un tallo recto y su borde cortante se encuentra en un extremo del instrumento.

15. ¿Mediante qué mecanismo trabaja la hoz?

a) Trabaja por tracción.
b) Trabaja por vibración.
c) Trabaja por presión.
d) Trabaja por tracción y presión.

Respuesta correcta: d) Trabaja por tracción y presión.

La hoz se utiliza para eliminar depósitos supragingivales, no estando indicada su inserción subgingival debido a que por su forma puede lesionar tejidos blandos, y trabaja por presión y tracción. Es un instrumento muy útil para realizar una tartrectomía manual.

Solución al test n.º 27

1. c) Supragingival.

2. b) El alisado radicular es el proceso a través del cual se elimina el sarro residual que se encuentra enclavado y las porciones de cemento de las raíces.

3. c) El curetaje es la eliminación blanda de la bolsa.

4. d) Una tartrectomía.

5. d) Sistema EVA.

6. c) Azada.

7. a) Hoces.

8. a) Para los acúmulos ligeros.

9. d) Punta de tipo sonda periodontal.

10. a) Para remodelar las obturaciones desbordantes.

11. b) Las manchas extrínsecas del diente.

12. c) Azadas.

13. a) 13/14.

14. b) Cincel.

15. d) Trabaja por tracción y presión.

Educación para la salud: Definición de educación para la salud, campos de acción, metodología y medios de la educación para la salud en Odontología

1. ¿Cuál de los objetivos principales de la educación para la salud es promover en la comunidad?

a) Fomentar decisiones responsables sobre salud.
b) Aumentar la asistencia a urgencias médicas.
c) Incrementar la automedicación regulada.
d) Sustituir la labor de los profesionales sanitarios.

2. ¿Qué modelo de educación para la salud implica mayor participación activa de la comunidad?

a) Modelo biomédico.
b) Modelo comunitario.
c) Modelo preventivo clásico.
d) Modelo asistencial.

3. ¿Cuál es una característica típica del modelo biomédico en educación sanitaria?

a) Comunicación bidireccional equilibrada.
b) Relación unidireccional del profesional hacia el paciente.
c) Enfoque en los determinantes sociales.
d) Participación activa del paciente en el diseño de programas.

4. ¿Cuál es una ventaja de los medios directos en educación para la salud?

a) Impacto masivo en la población.
b) Permiten aclarar dudas de forma inmediata.
c) Requieren menor inversión de tiempo.
d) Difusión simultánea de mensajes a toda la comunidad.

5. ¿Cuál es una característica propia de los métodos no directivos?

a) Se adaptan al conocimiento previo del individuo.
b) El emisor controla toda la información.
c) Se aplican solo en programas masivos.
d) Se basan en la autoridad del profesional.

6. ¿Qué medio es más eficaz para modificar conductas en un entorno educativo de salud?

a) Televisión educativa.
b) Dinámicas de grupo.
c) Folletos informativos.
d) Radio comunitaria.

7. ¿Qué característica debe tener un entrevistador en el ámbito de la educación sanitaria?

a) Habilidad para interrumpir con frecuencia.
b) Capacidad de mostrar empatía.
c) Dominio exclusivo de los temas médicos.
d) Uso constante de lenguaje técnico.

8. ¿Qué medio indirecto permite alcanzar a una población amplia, aunque con menor interacción?

a) Entrevista individual.
b) Taller en pequeños grupos.
c) Televisión.
d) Charla comunitaria.

9. ¿Qué técnica combina palabra y acción simultáneamente para enseñar un procedimiento?

a) Mesa redonda.
b) Entrevista dirigida.
c) Demostración.
d) Seminario.

10. ¿Cuál es la limitación más relevante del uso de folletos en educación sanitaria?

a) Bajo coste de impresión.
b) Ausencia de contenido visual.
c) Escasa duración del mensaje transmitido.
d) Requiere habilidades de lectura por parte del receptor.

11. ¿Cuál es el objetivo principal de la educación para la salud bucodental en escolares?

a) Realizar revisiones dentales periódicas.
b) Disminuir el número de obturaciones realizadas.
c) Promover hábitos de higiene oral desde edades tempranas.
d) Enseñar procedimientos odontológicos complejos.

12. ¿Qué función desempeña la educación para la salud dentro de un programa preventivo en odontología?

a) Detectar precozmente enfermedades bucodentales.
b) Mejorar la comprensión del paciente sobre la prevención.
c) Sustituir tratamientos curativos costosos
d) Aumentar la demanda de servicios clínicos.

En MADTEST tienes **más preguntas de este tema, comentadas y argumentadas**, y todos tus avances quedan registrados y se reflejan en el ranking.

¡Supera tus límites con MADTEST!

A continuación te presentamos algunos ejemplos de preguntas comentadas:

13. ¿Qué elemento es clave en la planificación de una actividad educativa en salud?

a) Duración de la actividad.
b) Coste económico del material.
c) Diagnóstico de necesidades del grupo destinatario.
d) Elección del educador más cercano.

Respuesta correcta: c) Diagnóstico de necesidades del grupo destinatario.

Antes de diseñar una intervención, es imprescindible conocer los conocimientos previos, actitudes y necesidades del grupo. Esto permite adaptar los contenidos y estrategias educativas para lograr mayor eficacia.

14. ¿Qué estrategia educativa se utiliza para fomentar el aprendizaje mediante la participación activa?

a) Conferencia magistral.
b) Lectura individual de material informativo.

c) Juego educativo.
d) Distribución de trípticos.

Respuesta correcta: c) Juego educativo.

El juego es una herramienta útil, especialmente en niños, ya que permite integrar conceptos mediante la motivación, la experimentación y el refuerzo positivo, favoreciendo una mejor retención de los contenidos.

15. ¿Qué caracteriza a la comunicación educativa en odontología cuando se realiza en grupo?

a) Fomenta la interacción entre los participantes.
b) Es más efectiva en casos clínicos individuales.
c) Evita la retroalimentación.
d) Impide el aprendizaje significativo.

Respuesta correcta: a) Fomenta la interacción entre los participantes.

Las sesiones grupales estimulan el diálogo, la comparación de experiencias y la resolución colaborativa de dudas, lo que facilita la construcción compartida del conocimiento en salud oral.

Solución al test n.º 28

1. a) Fomentar decisiones responsables sobre salud.

2. b) Modelo comunitario.

3. b) Relación unidireccional del profesional hacia el paciente.

4. b) Permiten aclarar dudas de forma inmediata.

5. a) Se adaptan al conocimiento previo del individuo.

6. b) Dinámicas de grupo.

7. b) Capacidad de mostrar empatía.

8. c) Televisión.

9. c) Demostración.

10. d) Requiere habilidades de lectura por parte del receptor.

11. c) Promover hábitos de higiene oral desde edades tempranas.

12. b) Mejorar la comprensión del paciente sobre la prevención.

13. c) Diagnóstico de necesidades del grupo destinatario.

14. c) Juego educativo.

15. a) Fomenta la interacción entre los participantes.

TEST N.º 29

Salud Pública: Funciones de la Salud Pública y comunitaria. Salud medio ambiental

1. ¿Cuál de las funciones principales de la Salud Pública implica la evaluación del estado de salud de la población?

a) Regulación sanitaria.
b) Vigilancia epidemiológica.
c) Promoción institucional.
d) Participación comunitaria.

2. ¿Qué componente caracteriza a la salud pública como una disciplina de intervención colectiva?

a) Enfoque poblacional en sus acciones.
b) Aplicación exclusiva de medidas clínicas.
c) Predominio del ámbito hospitalario.
d) Acceso limitado a grupos sociales específicos.

3. ¿Cuál es el objetivo de la promoción de la salud dentro del marco de la salud pública?

a) Controlar enfermedades ya diagnosticadas.
b) Garantizar el acceso a servicios quirúrgicos.
c) Fomentar condiciones que favorezcan estilos de vida saludables.
d) Aplicar sanciones por incumplimiento sanitario.

4. ¿Qué función de la salud pública implica la adopción de normas y legislación sanitaria?

a) Protección de la salud.
b) Educación para la salud.
c) Rehabilitación funcional.
d) Cobertura farmacéutica.

5. ¿Cuál de los siguientes factores se considera un determinante medioambiental de la salud?

a) Nivel de colesterol sérico.
b) Hábito tabáquico.
c) Patrón genético hereditario.
d) Contaminación del aire.

6. ¿Cuál es uno de los objetivos de la salud comunitaria?

a) Identificar necesidades colectivas de salud.
b) Centralizar la atención médica en hospitales.
c) Fomentar la medicalización de la población.
d) Reemplazar a la atención individual.

7. ¿Qué acción ejemplifica una intervención de protección de la salud ambiental?

a) Talleres sobre alimentación saludable.
b) Control de residuos industriales tóxicos.
c) Charlas educativas sobre higiene dental.
d) Tratamiento farmacológico de infecciones.

8. ¿Qué institución tiene un papel clave en la implementación de políticas de salud pública a nivel local?

a) Ministerio de Asuntos Exteriores.
b) Autoridades sanitarias autonómicas o municipales.
c) Consejo General de Farmacia.
d) Instituciones académicas.

9. ¿Qué parámetro se utiliza frecuentemente para evaluar el impacto de la contaminación ambiental sobre la salud?

a) Índice de masa corporal.
b) Presión arterial media.
c) Incidencia de enfermedades respiratorias.
d) Porcentaje de población vacunada.

10. ¿Qué acción representa una medida estructural de salud pública ambiental?

a) Campaña de higiene personal.
b) Distribución de folletos educativos.
c) Instalación de sistemas de saneamiento en zonas rurales.
d) Elaboración de informes de casos clínicos.

11. ¿Qué acción refleja la función de promoción de la salud dentro del ámbito comunitario?

a) Realizar análisis clínicos de forma periódica.
b) Instaurar medidas de control epidemiológico.
c) Desarrollar campañas para fomentar el ejercicio físico.
d) Implementar unidades móviles de urgencia.

12. ¿Cuál es una de las principales características de la salud pública moderna?

a) Atención centrada exclusivamente en hospitales.
b) Participación activa de la comunidad.
c) Exclusividad del enfoque curativo.
d) Ausencia de intervención sobre determinantes sociales.

En MADTEST tienes **más preguntas de este tema, comentadas y argumentadas**, y todos tus avances quedan registrados y se reflejan en el ranking.

¡Supera tus límites con MADTEST!

A continuación te presentamos algunos ejemplos de preguntas comentadas:

13. ¿Qué enfoque se utiliza para abordar problemas de salud relacionados con el entorno físico?

a) Atención primaria en centros clínicos.
b) Control farmacológico de la enfermedad.
c) Intervención sobre determinantes ambientales.
d) Supervisión de tratamientos odontológicos.

Respuesta correcta: c) Intervención sobre determinantes ambientales.

Los determinantes ambientales, como el agua, el aire o las condiciones de vivienda, influyen significativamente en la salud. Actuar sobre ellos permite reducir riesgos y prevenir enfermedades asociadas.

14. ¿Qué acción se enmarca en una estrategia de prevención ambiental primaria?

a) Tratamiento médico de enfermedades infecciosas.
b) Aislamiento de pacientes con enfermedades transmisibles.
c) Reducción de emisiones contaminantes industriales.
d) Evaluación de datos de morbilidad hospitalaria.

Respuesta correcta: c) Reducción de emisiones contaminantes industriales.

La prevención primaria ambiental actúa antes de que aparezca la enfermedad, eliminando o minimizando los factores de riesgo ambientales que la pueden originar, como contaminantes químicos o biológicos.

15. ¿Cuál es un ejemplo de acción de salud pública con impacto colectivo?

a) Instrucciones individuales de higiene.
b) Campaña de vacunación poblacional.
c) Entrevista clínica con historia médica.
d) Elaboración de receta farmacológica.

Respuesta correcta: b) Campaña de vacunación poblacional.

Las campañas de vacunación tienen un alcance masivo y actúan sobre la prevención de enfermedades transmisibles, protegiendo tanto a los individuos vacunados como al conjunto de la comunidad a través de la inmunidad colectiva.

Solución al test n.º 29

1. b) Vigilancia epidemiológica.

2. a) Enfoque poblacional en sus acciones.

3. c) Fomentar condiciones que favorezcan estilos de vida saludables.

4. a) Protección de la salud.

5. d) Contaminación del aire.

6. a) Identificar necesidades colectivas de salud.

7. b) Control de residuos industriales tóxicos.

8. b) Autoridades sanitarias autonómicas o municipales.

9. c) Incidencia de enfermedades respiratorias.

10. d) Elaboración de informes de casos clínicos.

11. c) Desarrollar campañas para fomentar el ejercicio físico.

12. b) Participación activa de la comunidad.

13. c) Intervención sobre determinantes ambientales.

14. c) Reducción de emisiones contaminantes industriales.

15. b) Campaña de vacunación poblacional.

TEST N.º 30

Riesgos profesionales en odontología: Salud Laboral odontológica, disciplinas de la prevención laboral. Higiene en el trabajo. Normas de seguridad en odontología

1. ¿Qué ley constituye el marco normativo general de la prevención de riesgos laborales en España?

a) Ley 14/1986 General de Sanidad.
b) Ley 31/1995 de Prevención de Riesgos Laborales.
c) Real Decreto 783/2001.
d) Real Decreto 1299/2006.

2. ¿Cuál es el principal riesgo biológico al que se expone el personal odontológico?

a) Virus de la hepatitis B.
b) Virus de la gripe.
c) Mycobacterium tuberculosis.
d) Candida albicans.

3. ¿Qué disciplina de la prevención laboral estudia los factores físicos, químicos y biológicos presentes en el entorno de trabajo?

a) Ergonomía.
b) Medicina del trabajo.
c) Higiene industrial.
d) Psicología laboral.

4. ¿Cuál es el objetivo principal de la ergonomía en la práctica odontológica?

a) Adaptar las tareas al entorno clínico.
b) Adaptar el trabajo a las características del profesional.
c) Mejorar la ventilación del gabinete.
d) Reducir los tiempos operatorios.

5. ¿Qué elemento de protección personal evita lesiones oculares por exposición a la luz ultravioleta?

a) Pantalla facial.
b) Gafas con filtro UV.
c) Mascarilla quirúrgica.
d) Visera de plástico.

6. ¿Qué patología musculoesquelética es frecuente entre los profesionales odontológicos?

a) Epicondilitis lateral.
b) Síndrome del túnel carpiano.
c) Escoliosis idiopática.
d) Artritis reumatoide.

7. ¿Qué principio radiológico recomienda mantener la exposición "tan baja como razonablemente posible"?

a) Justificación.
b) ALARA.
c) Limitación.
d) Optimización.

8. ¿Qué elemento de seguridad debe estar presente en todo gabinete odontológico según la normativa vigente?

a) Botiquín de primeros auxilios y plan de emergencia visible.
b) Termómetro ambiental y registro de pacientes.
c) Certificado de vacunación del personal.
d) Manual de normas ISO de calidad.

9. ¿Qué medida previene el contagio cruzado entre pacientes en una clínica dental?

a) Uso de material estéril o desechable.
b) Lavado de instrumental con agua corriente.
c) Compartir bandejas de trabajo.
d) Secar instrumental con paños reutilizables.

10. ¿Qué debe hacerse inmediatamente tras un pinchazo con material contaminado?

a) Aplicar hielo local.
b) Lavar con agua y jabón y aplicar antiséptico.

c) Presionar para detener el sangrado.
d) Esperar evaluación médica sin limpiar la zona.

11. ¿Qué riesgo físico puede provocar pérdida auditiva en el personal odonto-lógico?

a) Vibración de instrumentos rotatorios.
b) Ruido continuo superior a 85 dB.
c) Iluminación deficiente.
d) Temperaturas ambientales elevadas.

12. ¿Qué agente químico puede generar intoxicación crónica en odontología si no se manipula adecuadamente?

a) Alcohol etílico.
b) Óxido de zinc.
c) Mercurio.
d) Cloroformo.

En MADTEST tienes **más preguntas de este tema, comentadas y argumentadas**, y todos tus avances quedan registrados y se reflejan en el ranking.

¡Supera tus límites con MADTEST!

A continuación te presentamos algunos ejemplos de preguntas comentadas:

13. ¿Qué enfermedad se puede contraer por exposición a sangre infectada durante procedimientos clínicos?

a) Hepatitis B.
b) Tuberculosis pulmonar.
c) Herpes simple tipo 1.
d) Varicela.

Respuesta correcta: a) Hepatitis B.

El virus de la hepatitis B se transmite por vía parenteral y es altamente infeccioso. En el ámbito odontológico, el riesgo se asocia a pinchazos accidentales o contacto con sangre contaminada; la vacunación del personal sanitario es obligatoria para su prevención.

14. ¿Qué disciplina de la prevención laboral se encarga de estudiar los efectos del trabajo sobre la salud del trabajador?

a) Medicina del trabajo.
b) Higiene industrial.
c) Ergonomía.
d) Seguridad laboral.

Respuesta correcta: a) Medicina del trabajo.

La medicina del trabajo evalúa el estado de salud del personal antes, durante y después de su actividad profesional. Su objetivo es detectar precozmente alteraciones relacionadas con la exposición laboral y garantizar la aptitud médica del profesional odontológico.

15. ¿Qué medida ergonómica contribuye a evitar la lumbalgia en profesionales odontológicos?

a) Mantener posturas fijas prolongadas.
b) Alternar posiciones y realizar pausas activas.
c) Trabajar con inclinación de tronco superior a 45°.
d) Utilizar sillas sin soporte lumbar.

Respuesta correcta: b) Alternar posiciones y realizar pausas activas.

Los movimientos repetitivos y las posturas estáticas generan sobrecarga en la musculatura lumbar. Alternar posiciones, realizar estiramientos y usar sillas con soporte anatómico previene lesiones musculoesqueléticas frecuentes en la práctica odontológica.

Solución al test n.º 30

1. b) Ley 31/1995 de Prevención de Riesgos Laborales.

2. a) Virus de la hepatitis B.

3. c) Higiene industrial.

4. b) Adaptar el trabajo a las características del profesional.

5. b) Gafas con filtro UV.

6. b) Síndrome del túnel carpiano.

7. b) ALARA.

8. a) Botiquín de primeros auxilios y plan de emergencia visible.

9. a) Uso de material estéril o desechable.

10. b) Lavar con agua y jabón y aplicar antiséptico.

11. b) Ruido continuo superior a 85 dB.

12. c) Mercurio.

13. a) Hepatitis B.

14. a) Medicina del trabajo.

15. b) Alternar posiciones y realizar pausas activas.

TEST N.º 31

Comunicación del paciente: Recepción del paciente. Comunicación con el paciente: claves para mejorar la comunicación, características de un buen comunicador, el paciente en consulta dental, actitud ante el paciente ansioso, información del paciente

1. En comunicación, ¿a qué se aplica el término destino?

a) Se aplica a la fuente.
b) Se aplica al emisor.
c) Se aplica al receptor.
d) Se aplica al canal.

2. En comunicación, ¿cómo se denomina al individuo que habla, gesticula, escribe, pinta, etc.?

a) Mensajero.
b) Fuente.
c) Receptor.
d) Destino.

3. ¿Cómo se considera la contaminación acústica en comunicación?

a) Se considera un ruido químico.
b) Se considera un ruido psíquico.
c) Se considera un ruido físico.
d) Se considera un ruido arcaico.

4. Una persona desmotivada como receptora en una comunicación sufre:

a) Un ruido físico.
b) Un ruido psíquico.
c) Un ruido fisiológico.
d) De apatía.

5. ¿Qué término en comunicación nos indica cómo se ha establecido el mensaje entre emisor y receptor, permitiendo ir viendo que se asimila bien el mismo y se comprende lo que se quiere transmitir?

a) Codificación.
b) Retroalimentación.
c) Decodificación.
d) Inventario.

6. ¿Cómo designarías a la comunicación que emplea de código dibujos?

a) Comunicación lingüística escrita.
b) Comunicación lingüística visual.
c) Comunicación no lingüística visual.
d) Comunicación no lingüística gestual.

7. ¿Cómo se denomina la comunicación que emite un mensaje por parte del emisor que llega al receptor, consiguiendo que este ejecute una tarea o una función?

a) Comunicación horizontal.
b) Comunicación diagonal.
c) Comunicación vertical.
d) Comunicación triangular.

8. ¿Qué porcentaje de la comunicación es no lingüística?

a) 15 %.
b) 25 %.
c) 50 %.
d) 75 %.

9. ¿Cómo se denomina la comunicación donde la fuente emisora emite un mensaje que es recibido por el receptor consiguiendo la participación de este y la emisión de un nuevo mensaje?

a) Comunicación horizontal.
b) Comunicación diagonal.
c) Comunicación vertical.
d) Comunicación participativa.

10. Para que el proceso de comunicarse el paciente con su interlocutor sea de importancia, la comunicación debe ser:

a) Unidireccional, interactiva y comprensiva.
b) Unidireccional, pasiva y comprensiva por parte del usuario.

c) Bidireccional, interactiva y comprensiva.
d) Bidireccional, pasiva y comprensiva por parte del usuario.

11. ¿Qué prioridad debe tener el odontólogo en su relación con el paciente?

a) Escuchar lo que dice.
b) Decirle continuamente cuestiones técnicas, para que esté informado.
c) Decir cosas en general al paciente, para tranquilizarlo.
d) Pedirle su colaboración.

12. ¿Qué porcentaje de la comunicación se emplea en cómo se dice?

a) 10 %.
b) 20 %.
c) 30 %.
d) 40 %.

En MADTEST tienes **más preguntas de este tema, comentadas y argumentadas**, y todos tus avances quedan registrados y se reflejan en el ranking.

¡Supera tus límites con MADTEST!

A continuación te presentamos algunos ejemplos de preguntas comentadas:

13. ¿Con qué se corresponden los gestos y posturas dentro de la comunicación?

a) Se corresponde con el lenguaje verbal.
b) Se corresponde con el convencimiento verbal.
c) Se corresponde con el mensaje.
d) Se corresponde con el lenguaje corporal.

Respuesta correcta: d) Se corresponde con el lenguaje corporal.

Un 50 % en comunicación es lenguaje corporal, quién lo dice, que se expresa mediante gestos, posturas.

14. ¿A qué se denomina el proceso mediante el cual las personas interpretan y organizan la información con la finalidad de darle significado y comprensión a su mundo?

a) Sensación.
b) Percepción.

c) Racionalidad.
d) Acción.

Respuesta correcta: b) Percepción.

La percepción es el proceso mediante el cual las personas interpretan y organizan la información con la finalidad de darle significado y comprensión a su mundo. Gracias a la percepción se inician los procesos del pensar, sentir y actuar. En este proceso también influyen los valores personales, las creencias, los pensamientos y el mundo de la acción.

15. Todo lo que se expone del hecho de oír es cierto, excepto lo que se expone distinto que es una cualidad de escuchar:

a) Es una propiedad que proviene del hecho de poseer sentido del oído.
b) Es una habilidad, que aunque es natural, debe ser desarrollada.
c) Es una acción refleja.
d) Es un comportamiento deliberado con el cual nacemos casi todos.

Respuesta correcta: b) Es una habilidad, que aunque es natural, debe ser desarrollada.

El sentido del oído es una de las características con las que cuenta el ser humano. Oír es un comportamiento deliberado con el cual nacemos casi todos. Escuchar va más allá del hecho de oír, oír es una acción refleja, mientras que escuchar es una habilidad que, aunque natural, debe ser desarrollada.

Solución al test n.º 31

1. c) Se aplica al receptor.

2. b) Fuente.

3. c) Se considera un ruido físico.

4. b) Un ruido psíquico.

5. b) Retroalimentación.

6. c) Comunicación no lingüística visual.

7. a) Comunicación horizontal.

8. d) 75 %.

9. d) Comunicación participativa.

10. c) Bidireccional, interactiva y comprensiva.

11. a) Escuchar lo que dice.

12. d) 40 %.

13. d) Se corresponde con el lenguaje corporal.

14. b) Percepción.

15. b) Es una habilidad, que aunque es natural, debe ser desarrollada.

Equipo humano odontológico: Estomatólogo/odontólogo, higienista dental, auxiliar de odontología. Cualidades del equipo de salud bucodental. Ética en el proceso de odontológico. Confidencialidad

1. ¿Qué normativa desarrolla lo previsto en la ley que regula la profesión de Odontólogo, Protésico e Higienista dental (equipo de salud bucodental)?

a) Real Decreto 1594/1994, 15 de julio.
b) Ley 10/1987, 17 de marzo.
c) Real Decreto 1241/1996, de 20 de mayo.
d) Decreto 638/1998 de 20 julio.

2. ¿Qué aspecto o tarea puede delegar el odontólogo en el higienista en la consulta dental?

a) Extracciones.
b) Implantología.
c) Cirugía oral.
d) Prevención.

3. ¿Cuál de estos profesionales de la salud no forma parte del equipo de salud bucodental?

a) Odontólogo o estomatólogo.
b) Higienista bucodental.
c) Diplomado Universitario de Enfermería (DUE).
d) Todos forman parte del equipo de salud bucodental.

4. ¿Quién es el supervisor del equipo de salud bucodental?

a) El dueño de la clínica, sea cuál sea su nivel académico.
b) El protésico dental.
c) El odontoestomatólogo.
d) El higienista dental.

5. En la organización de los grupos de trabajo:

a) Prima la jerarquía.
b) No existe responsable del grupo.
c) La jerarquía es mediana, pero importante.
d) Todas las categorías laborales funcionan con igualdad.

6. ¿Cuál es el objetivo último de los miembros que componen un equipo sanitario?

a) El buen entendimiento.
b) La solidaridad.
c) La mejora de la salud de la población.
d) Son ciertas las respuestas a) y b).

7. Para que un equipo de trabajo sea eficiente, ¿qué cualidad es aquella que se caracteriza en que los diferentes miembros deben dominar todas las parcelas del proyecto que aspiran a realizar?

a) Valoración.
b) Complementariedad.
c) Solidaridad.
d) Motivación.

8. ¿Qué es el compromiso en un trabajo en equipo?

a) Cuando cada miembro asume voluntariamente el hecho de aportar lo mejor de sí mismo, para conseguir los objetivos del grupo y de la organización en general.
b) Es la necesidad de poder coordinar las distintas actuaciones individuales.
c) Es la interdependencia positiva entre las personas participantes en un equipo.
d) Todo lo anterior es falso.

9. ¿Cómo se denomina la acción encaminada a impulsar el comportamiento de otras personas en una determinada dirección, que se estima conveniente, dentro de un equipo de trabajo eficiente?

a) Acción de liderazgo.
b) Excitabilidad del equipo.
c) Eficiencia de constatación.
d) Incentivación.

10. ¿Qué profesional de estos es Licenciado en Medicina con su especialidad?

a) Protésico bucodental.
b) Estomatólogo.

c) Odontólogo.
d) Ninguno de los anteriores.

11. ¿Qué profesionales están capacitados para actividades de prevención, diagnóstico y tratamiento de las anomalías y enfermedades de los dientes, de la boca y de sus tejidos anexos, tanto sobre personas aisladas como de forma comunitaria?

a) El higienista bucodental y el TCAE.
b) El higienista bucodental y el estomatólogo.
c) El odontólogo y el higienista bucodental.
d) El odontólogo y el estomatólogo.

12. ¿Qué especialidad/es de la Odontología está/n reconocida/s como tales en el ámbito de la Unión Europea?

a) Periodoncia.
b) Implantología.
c) Ortodoncia.
d) Todas las anteriores.

En MADTEST tienes **más preguntas de este tema, comentadas y argumentadas**, y todos tus avances quedan registrados y se reflejan en el ranking.

¡Supera tus límites con MADTEST!

A continuación te presentamos algunos ejemplos de preguntas comentadas:

13. ¿Cómo se denomina la especialidad o campo de acción de la Odontología que se encarga de la colocación de prótesis dentales?

a) Periodoncia.
b) Implantología.
c) Ortodoncia.
d) Prostodoncia.

Respuesta correcta: d) Prostodoncia.

La Prostodoncia es la especialidad de la Odontología que se encarga de la colocación de prótesis dentales.

14. ¿En qué país se creó la primera escuela de higienistas bucodentales?

a) En Alemania.
b) En Italia.
c) En Estados Unidos.
d) En Canadá.

Respuesta correcta: c) En Estados Unidos.

La figura del higienista dental aparece a principios de este siglo, en los Estados Unidos con los estudios de Wright, en los que se les delegaba una serie de funciones de prevención y tareas sencillas. En Baltimore (Estados Unidos) se creó la primera escuela para higienistas dentales.

15. ¿Qué función de estas posee el higienista a nivel administrativo?

a) Limpieza, desinfección y esterilización del instrumental, aparatos y superficies de la sala operatoria.
b) Colaborar en el registro de datos y evaluación de resultados.
c) Transferencia de instrumental y materiales al odontólogo.
d) Asistencia en toma de radiografías. Revelado.

Respuesta correcta: b) Colaborar en el registro de datos y evaluación de resultados.

Las funciones estricta y exclusivamente en actividades administrativas que realiza el higienista dental es colaborar en la programación y organización del trabajo, así como en el registro de datos y evaluación de resultados.

Solución al test n.º 32

1. a) Real Decreto 1594/1994, 15 de julio.

2. d) Prevención.

3. c) Diplomado Universitario de Enfermería (DUE).

4. c) El odontoestomatólogo.

5. a) Prima la jerarquía.

6. c) La mejora de la salud de la población.

7. b) Complementariedad.

8. a) Cuando cada miembro asume voluntariamente el hecho de aportar lo mejor de sí mismo, para conseguir los objetivos del grupo y de la organización en general.

9. d) Incentivación.

10. b) Estomatólogo.

11. d) El odontólogo y el estomatólogo.

12. c) Ortodoncia.

13. d) Prostodoncia.

14. c) En Estados Unidos.

15. b) Colaborar en el registro de datos y evaluación de resultados.

TEST N.º 33

Colocación del enfermo para exploración bucodental: Posición del odontólogo y el higienista dental. Técnicas de instrumentación a cuatro manos y técnica de instrumentación a seis manos

1. ¿Cuál de los siguientes puntos no es un objetivo de la ergonomía en odontología?

a) El estudio de los puestos de trabajo.
b) La revisión del entorno de trabajo.
c) Descubrir los riesgos ocasionados por la fatiga.
d) Prevenir la enfermedad periodontal.

2. ¿Qué profesionales no están dentro del equipo de investigación multidisciplinar en el área de Ergonomía?

a) No están los ingenieros.
b) No están los psicólogos.
c) No están los fisiólogos.
d) No están los enfermeros.

3. ¿Qué se entiende por la ciencia de la adaptación del trabajo al hombre y viceversa, según la ESDE?

a) Prevención laboral.
b) Seguridad laboral.
c) Higiene laboral.
d) Ergonomía.

4. ¿Qué se lograría como consecuencia de la aplicación de la Ergonomía en la organización y en la planificación y acondicionamiento de áreas y puestos de trabajo en consulta dental?

a) Reducción de la fatiga física y mental.
b) Reducción del riesgo de enfermedades profesionales.

c) Disminución del estrés y reducción de movimientos innecesarios.

d) Se lograría todo lo anteriormente expuesto.

5. ¿Cómo se denomina la ciencia que estudia los sistemas de comunicaciones en máquinas y cerebro humano?

a) Fisiología ambiental.

b) Bioética.

c) Biomecánica.

d) Cibernética.

6. ¿Qué áreas de la ergonomía se encarga de las posturas, movimientos y entornos?

a) Área preventiva.

b) Área geométrica.

c) Área temporal.

d) Área correctiva.

7. ¿Qué áreas de medida de la Ergonomía, de las que se nombra, armoniza luz, sonido, temperatura, humedad…?

a) Puesto de trabajo.

b) Preventiva.

c) Ambiental.

d) Temporal.

8. ¿En qué tipo de movimientos (según la clasificación de Kilpatrick) entran los de dedos y muñeca?

a) Entran dentro de la clase I.

b) Entran dentro de la clase II.

c) Entran dentro de la clase III.

d) Entran dentro de la clase IV.

9. ¿Cómo clasificarías el movimiento del brazo entero hasta el hombro, cambiando la posición de la luz del operador (clasificación de Kilpatrick)?

a) En la clase I.

b) En la clase II.

c) En la clase III.

d) En la clase IV.

10. ¿Qué movimientos de la clasificación de Kilpatrick nunca se deben utilizar en el trabajo odontológico?

a) Movimientos de la clase I y de la clase II.

b) Movimientos de la clase III.

c) Movimientos de la clase IV.
d) Movimientos de la clase V.

11. ¿Cuál es la posición ideal de trabajo de BEACH - posición de BHOP (Balanced Human Operating Position) en relación con el operador?

a) Posición 0.
b) Posición 1.
c) Posición 2.
d) Posición 3.

12. ¿Qué distancia debe haber entre ojo y campo de trabajo (en cm) en relación con el operador?

a) 10-15.
b) 20-25.
c) 30-35.
d) 50-55.

En MADTEST tienes **más preguntas de este tema, comentadas y argumentadas**, y todos tus avances quedan registrados y se reflejan en el ranking.

¡Supera tus límites con MADTEST!

A continuación te presentamos algunos ejemplos de preguntas comentadas:

13. ¿Cómo debe situarse la boca del paciente en relación con el operador?

a) En el plano coronal y a la altura de los hombros del profesional.
b) En el plano sagital y a la altura de los codos del profesional.
c) En el plano transversal y a la altura de los hombros del profesional.
d) En el plano coronal y a la altura de las muñecas del profesional.

Respuesta correcta: b) En el plano sagital y a la altura de los codos del profesional.

La boca del paciente en relación con el operador debe situarse en el plano sagital y a la altura de los codos del profesional.

14. ¿A qué altura debe estar sentado más alto el higienista para ver más y mejor el campo de trabajo?

a) 10-15 cm.
b) 30-35 cm.

c) 50-65 cm.

d) Debe estar sentado más bajo.

Respuesta correcta: a) 10-15 cm.

El higienista como medida de prevención postural debe estar sentado más alto que el odontólogo de 10 a 15 cm, para ver más y mejor el campo de trabajo.

15. ¿Cómo influye el color verde en el estado de ánimo del profesional en la consulta dental?

a) Provocando excitabilidad y agresividad.

b) Provocando relajación y sedación.

c) Provocando actividad y acción.

d) Provocando espiritualidad, limpieza y paz.

Respuesta correcta: b) Provocando relajación y sedación.

Los colores del entorno laboral contribuyen al estado de ánimo, el color verde influye en el ánimo del profesional en la consulta dental con un efecto de relajación y sedación.

Solución al test n.º 33

1. d) Prevenir la enfermedad periodontal.

2. d) No están los enfermeros.

3. d) Ergonomía.

4. d) Se lograría todo lo anteriormente expuesto.

5. d) Cibernética.

6. b) Área geométrica.

7. c) Ambiental.

8. b) Entran dentro de la clase II.

9. d) En la clase IV.

10. d) Movimientos de la clase V.

11. a) Posición 0.

12. c) 30-35.

13. b) En el plano sagital y a la altura de los codos del profesional.

14. a) 10-15 cm.

15. b) Provocando relajación y sedación.

Salud bucodental: Odontología preventiva, niveles de prevención, programas de odontología preventiva (índices de placa y gingival) y Niveles de aplicación de medidas preventivas

1. ¿Cómo define la OMS la salud bucodental?

a) Ausencia de caries dental únicamente.
b) Estado sin dolor oral, con capacidad de morder, masticar y sonreír adecuadamente.
c) Higiene oral basada en cepillado diario.
d) Estado de blanqueamiento dental óptimo.

2. ¿Cuál es el objetivo principal de la odontología preventiva?

a) Restaurar piezas dañadas.
b) Evitar la aparición, progresión o recurrencia de enfermedades bucales.
c) Controlar el color del esmalte.
d) Sustituir tejidos perdidos.

3. ¿Qué tipo de prevención se aplica antes de que aparezca la enfermedad?

a) Prevención primaria.
b) Prevención secundaria.
c) Prevención terciaria.
d) Prevención cuaternaria.

4. ¿Qué nivel de prevención tiene como objetivo el diagnóstico precoz y tratamiento inicial?

a) Primaria.
b) Secundaria.
c) Terciaria.
d) Cuaternaria.

5. ¿Qué nivel de prevención se aplica cuando existen lesiones irreversibles?

a) Cuaternaria.
b) Terciaria.
c) Primaria.
d) Secundaria.

6. ¿Qué tipo de prevención evita intervenciones innecesarias del sistema sanitario?

a) Primaria.
b) Secundaria.
c) Cuaternaria.
d) Terciaria.

7. ¿Qué técnica se emplea en el índice de O'Leary?

a) Coloración con fucsina y cálculo de superficies teñidas.
b) Medición de profundidad de sondaje.
c) Secado de encías y observación de inflamación.
d) Evaluación radiográfica.

8. ¿Qué índice valora el grosor de la placa a lo largo del borde gingival?

a) Índice de Greene y Vermillion.
b) Índice de Silness y Löe.
c) Índice PMA.
d) Índice CPITN.

9. ¿Qué índice mide la inflamación gingival?

a) Índice de Silness y Löe (1967).
b) Índice de O'Leary (1972).
c) Índice de Greene y Vermillion.
d) Índice de Lindhe.

10. ¿Qué indica una puntuación 3 en el índice gingival de Silness y Löe?

a) Encía normal.
b) Inflamación leve sin sangrado.
c) Inflamación moderada con sangrado al sondaje.
d) Inflamación marcada con tendencia a hemorragia espontánea.

11. ¿Qué representa una puntuación de 0 en el índice de Silness y Löe?

a) Encía con inflamación leve.
b) Encía normal, sin signos de inflamación.

c) Sangrado al sondaje.
d) Presencia de placa visible.

12. ¿Qué índice mide simultáneamente placa blanda y cálculo dental?

a) Índice de Greene y Vermillion.
b) Índice de O'Leary.
c) Índice de Silness y Löe.
d) Índice CPITN.

En MADTEST tienes **más preguntas de este tema,**

comentadas y argumentadas, y todos tus avances quedan
registrados y se reflejan en el ranking.

¡Supera tus límites con MADTEST!

A continuación te presentamos algunos ejemplos de preguntas comentadas:

13. ¿Qué técnica se emplea para calcular el Índice PMA?

a) Evaluación de sangrado gingival.
b) Cálculo de dientes con pérdida ósea.
c) Observación de papila, margen y adherencia gingival.
d) Revelado de placa bacteriana.

Respuesta correcta: c) Observación de papila, margen y adherencia gingival.

El índice PMA (Papilar, Marginal, Adherente) cuantifica la inflamación gingival en tres áreas específicas del margen gingival, siendo útil para estudios epidemiológicos y de control de gingivitis.

14. ¿Qué grupo poblacional es prioritario en los programas de odontología preventiva?

a) Adultos mayores de 65 años.
b) Población infantil y adolescente.
c) Personas hospitalizadas.
d) Pacientes con prótesis completas.

Respuesta correcta: b) Población infantil y adolescente.

La etapa escolar es el momento idóneo para establecer hábitos de higiene, aplicar fluoruros y realizar programas educativos que garanticen una buena salud bucodental a largo plazo.

15. ¿Qué fase se considera inicial en la planificación de un programa de salud bucodental?

a) Evaluación de resultados.
b) Diagnóstico de la situación y análisis de necesidades.
c) Selección de materiales.
d) Valoración clínica individual.

Respuesta correcta: b) Diagnóstico de la situación y análisis de necesidades.

El diagnóstico comunitario permite identificar los problemas de salud oral más frecuentes y determinar los recursos disponibles antes de diseñar las estrategias preventivas.

Solución al test n.º 34

1. b) Estado sin dolor oral, con capacidad de morder, masticar y sonreír adecuadamente.

2. b) Evitar la aparición, progresión o recurrencia de enfermedades bucales.

3. a) Prevención primaria.

4. b) Secundaria.

5. b) Terciaria.

6. c) Cuaternaria.

7. a) Coloración con fucsina y cálculo de superficies teñidas.

8. b) Índice de Silness y Löe.

9. a) Índice de Silness y Löe (1967).

10. d) Inflamación marcada con tendencia a hemorragia espontánea.

11. b) Encía normal, sin signos de inflamación.

12. a) Índice de Greene y Vermillion.

13. c) Observación de papila, margen y adherencia gingival.

14. b) Población infantil y adolescente.

15. b) Diagnóstico de la situación y análisis de necesidades.

TEST N.º 35

La Salud Bucodental en Atención Primaria: PADICAN

1. ¿Qué norma distingue entre Atención Primaria y Atención Especializada?

a) Ley 41/2002, de autonomía del paciente.
b) Ley 16/2003, de cohesión y calidad del SNS.
c) Ley 14/1986, General de Sanidad.
d) Real Decreto 1030/2006.

2. ¿Qué tipo de atención constituye el primer nivel de acceso de la población al sistema sanitario?

a) Atención hospitalaria.
b) Atención especializada.
c) Atención Primaria.
d) Atención comunitaria.

3. ¿Qué documento internacional definió los principios de la Atención Primaria de Salud?

a) Declaración de Ginebra.
b) Declaración de Ottawa.
c) Declaración de Alma-Ata.
d) Carta de Helsinki.

4. ¿Qué característica distingue a la Atención Primaria frente a otros niveles asistenciales?

a) La tecnificación avanzada.
b) La atención individual y hospitalaria.
c) La atención integral y continua.
d) La especialización médica exclusiva.

5. ¿Cuál fue uno de los motivos del desarrollo de la Atención Primaria en España en los años 80?

a) Reducir los costos de hospitalización.
b) Aumentar la tecnología médica.
c) Centralizar la atención especializada.
d) Eliminar la asistencia domiciliaria.

6. ¿Qué principio de la Atención Primaria destaca la participación activa del individuo y la comunidad?

a) Equidad sanitaria.
b) Autoresponsabilidad y autodeterminación.
c) Centralización del sistema.
d) Atención hospitalaria.

7. ¿Cuál es uno de los objetivos principales de la Atención Primaria?

a) Incrementar la atención hospitalaria.
b) Elevar el nivel de salud de la comunidad.
c) Disminuir la cobertura sanitaria.
d) Centralizar la gestión sanitaria.

8. ¿Qué estructura territorial constituye la base organizativa de la Atención Primaria?

a) Zona Básica de Salud.
b) Área sanitaria.
c) Distrito clínico.
d) Centro hospitalario.

9. ¿Cuál es la población aproximada que abarca una Zona Básica de Salud?

a) Entre 1.000 y 3.000 habitantes.
b) Entre 5.000 y 25.000 habitantes.
c) Entre 30.000 y 50.000 habitantes.
d) Más de 60.000 habitantes.

10. ¿Qué profesional coordina el Equipo de Atención Primaria (EAP)?

a) El Director de Área Sanitaria.
b) El Coordinador Médico.
c) El Supervisor de Enfermería.
d) El Odontólogo.

11. ¿Qué profesionales integran un Equipo de Atención Primaria?

a) Solo médicos y enfermeras.
b) Médicos, personal de enfermería, trabajadores sociales y otros profesionales sanitarios.
c) Exclusivamente personal administrativo.
d) Personal médico y farmacéutico.

12. ¿Qué función básica realiza el Equipo de Atención Primaria?

a) Investigación de laboratorio.
b) Hospitalización de larga estancia.
c) Promoción de la salud y prevención de la enfermedad.
d) Cirugía mayor ambulatoria.

En MADTEST tienes **más preguntas de este tema, comentadas y argumentadas**, y todos tus avances quedan registrados y se reflejan en el ranking.

¡Supera tus límites con MADTEST!

A continuación te presentamos algunos ejemplos de preguntas comentadas:

13. ¿Qué servicio garantiza la atención integral y continuada en la comunidad?

a) Hospital de día.
b) Centro de Salud.
c) Centro de especialidades.
d) Clínica privada.

Respuesta correcta: b) Centro de Salud.

El centro de salud es la infraestructura de referencia de la Atención Primaria. Ofrece atención ambulatoria, domiciliaria, preventiva y rehabilitadora, actuando como punto de coordinación de servicios comunitarios y de enlace con la atención especializada.

14. ¿Qué actividad se incluye dentro de las funciones asistenciales de un Centro de Salud?

a) Educación sanitaria de la población.
b) Tratamientos estéticos.
c) Cirugía mayor programada.
d) Hospitalización a domicilio.

Respuesta correcta: a) Educación sanitaria de la población.

La educación sanitaria forma parte esencial de las funciones del centro de salud, orientada a promover la adopción de conductas saludables, mejorar la adherencia a tratamientos y prevenir enfermedades mediante la información y la participación activa de los pacientes.

15. ¿Qué ley garantiza la atención bucodental dentro de la cartera básica del Sistema Nacional de Salud?

a) Ley 14/1986.
b) Real Decreto 127/1984.
c) Ley 33/2011.
d) Ley 16/2003, de cohesión y calidad del SNS.

Respuesta correcta: d) Ley 16/2003, de cohesión y calidad del SNS.

La Ley 16/2003 establece la cartera de servicios comunes del SNS e incorpora la atención bucodental dentro de las prestaciones básicas garantizadas. Esto permite ofrecer un acceso equitativo a los cuidados odontológicos esenciales en todo el territorio nacional.

Solución al test n.º 35

1. c) Ley 14/1986, General de Sanidad.

2. c) Atención Primaria.

3. c) Declaración de Alma-Ata.

4. c) La atención integral y continua.

5. a) Reducir los costos de hospitalización.

6. b) Autoresponsabilidad y autodeterminación.

7. b) Elevar el nivel de salud de la comunidad.

8. a) Zona Básica de Salud.

9. b) Entre 5.000 y 25.000 habitantes.

10. b) El Coordinador Médico.

11. b) Médicos, personal de enfermería, trabajadores sociales y otros profesionales sanitarios.

12. c) Promoción de la salud y prevención de la enfermedad.

13. b) Centro de Salud.

14. a) Educación sanitaria de la población.

15. d) Ley 16/2003, de cohesión y calidad del SNS.

Cómo acceder al Curso

Técnico/a Especialista en Higiene Bucodental
Test del temario

El uso de los códigos **es exclusivo de los compradores de los productos de Editorial MAD**. Cada producto posee un código único y de un solo uso. Es personal e intransferible y da acceso a servicios y contenidos adicionales. Editorial MAD se reserva el derecho de hacer cuantas comprobaciones sean necesarias para identificar al legítimo poseedor del código y dejar de dar servicio a quien haga uso fraudulento del mismo, además de emprender cuantas acciones legales estime oportunas según la legislación vigente.

Deberás acceder a:

mad.es/registro-campus

Si una vez aceptadas las condiciones de uso del Campus decides hacer uso del mismo, necesitarás del siguiente código de acceso junto con los códigos del resto de títulos que se exigen (si fuera el caso):

TQ7JF9NACD